高等职业教育汽车类教学改革成果教材

汽车空调系统检修

主　编　王新艳　李江江

副主编　何俊龙　武冬蕾

参　编　官海兵　李丕毅　文爱民　王　毅

　　　　黄艳玲　陈　清

机械工业出版社

本书以汽车空调系统工作领域关键岗位的典型工作任务为载体,将职业技能等级标准要求、职业道德等融入其中,并在技术、技能学习训练中融入职业素养、职业道德、劳模劳动精神及工匠精神等内容。本书共有 6 个学习任务,27 个职业技能点,内容涉及汽车空调制冷系统的检修,汽车空调暖风、通风与配气系统的检修,汽车空调控制系统的检修,汽车空调性能检测及对应的新能源汽车相关技术内容与检修方法等,涵盖了传统汽车与新能源汽车空调系统检测、维修的主流技术和方法。本书配套了对应的教学课件、结构与工作原理动画、标准操作视频等多类数字化、信息化资源,以二维码的形式呈现。

本书可作为中、高等职业院校汽车检测与维修技术及相关专业(专业群)的教学用书,也可供汽车检测与维修技术人员参考和学习。

本书配有电子课件、试卷及答案等,凡使用本书作为教材的教师均可登录机械工业出版社教育服务网(www.cmpedu.com)注册后免费下载。咨询电话:010-88379375。

图书在版编目(CIP)数据

汽车空调系统检修/王新艳,李江江主编. —北京:机械工业出版社,2023.6(2025.1重印)
高等职业教育汽车类教学改革成果教材
ISBN 978-7-111-73252-5

Ⅰ.①汽… Ⅱ.①王… ②李… Ⅲ.①汽车-空气调节系统-检修-高等职业教育-教材 Ⅳ.①U472.41

中国国家版本馆 CIP 数据核字(2023)第 095017 号

机械工业出版社(北京市百万庄大街 22 号 邮政编码 100037)
策划编辑:葛晓慧 责任编辑:葛晓慧 张双国
责任校对:张亚楠 陈 越 封面设计:严娅萍
责任印制:张 博
北京建宏印刷有限公司印刷
2025 年 1 月第 1 版第 2 次印刷
210mm×285mm · 9.25 印张 · 215 千字
标准书号:ISBN 978-7-111-73252-5
定价:43.00 元

电话服务 网络服务
客服电话:010-88361066 机 工 官 网:www.cmpbook.com
　　　　　010-88379833 机 工 官 博:weibo.com/cmp1952
　　　　　010-68326294 金 书 网:www.golden-book.com
封底无防伪标均为盗版 机工教育服务网:www.cmpedu.com

前 言 PREFACE

  本书按照"以典型工作任务为载体、以学生为中心、以职业能力要求为基础"的思路进行开发设计，通过对典型工作任务和工作过程的课程化设计，形成一系列模块化的学习任务，弱化"教学材料"的特征，强化"学习资料"的功能，充分对接职业技能等级证书标准、行业企业技术技能标准及国际先进技术标准，将"以企业岗位（群）任职要求、职业技能标准要求"等作为本书的主体内容，以党的"二十大"精神为引领，将环保理念、制造强国、劳模精神、工匠精神等育人元素在教材中有机融入，实现理论与实践教学融通、教材内容与育人元素融通、能力培养与工作岗位需求融通。

  与传统教材相比，本书力求做成一本全新的学习材料，以帮助学生更好地了解将来的工作及其要求。通过本书的学习，可以让学生掌握在完成传统汽车与新能源汽车空调系统工作领域中重要的、典型工作任务时所需的技术技能，增强学生职业素养与社会责任感，促进学生的综合能力发展，使学生尽可能在短时间内成为合格的汽车空调系统领域的技术能手。

  在内容方面，本书将汽车空调系统的组成与工作原理、新能源汽车空调系统的特点等知识与综合素养有机融为一体，注重实践技能与劳动精神相结合，职业素养与工匠精神相结合，基础知识与先进技术相结合，为读者构筑持续发展的知识与技能平台。

  本书由天津职业大学王新艳、李江江任主编，天津职业大学何俊龙、武冬蕾任副主编。王新艳编写了学习任务 2；李江江编写了学习任务 3；何俊龙编写了学习任务 1 和学习任务 5；武冬蕾编写了学习任务 4 和学习任务 6。江西交通职业技术学院官海兵、上海交通职业技术学院李丕毅、南京交通职业技术学院文爱民、贵州交通职业技术学院王毅、辽宁省交通高等专科学校黄艳玲、四川交通职业技术学院陈清，参与了本书内容、形式等方面的改进与优化，职业技能点的优化与完善，素养提升内容的改进与完善等工作。

  本书是 2022 年天津市教育科学规划课题"1+X 证书制度背景下活页式教材建设研究与实践"的阶段性研究成果（课题编号：CJE220061，项目主持人：李江江），特此感谢课题组成员对本书的指导与支持。

  本书在编写过程中参考了部分图书及文献，在此向作者表示诚挚的谢意！同时也感谢对本书提供技术支持的 4S 店机修人员。

  由于编者水平有限，书中不妥之处在所难免，敬请广大读者批评指正。

编　者

二维码索引

（续）

名称	图形	页码	名称	图形	页码
23.电动汽车暖风系统（PTC加热器）的工作机理		64	35.电磁离合器的检修		102
24.汽车空调通风系统的作用与分类		69	36.空调压缩机电磁离合器的拆卸与安装		103
25.汽车空调空气净化装置的作用与分类		70	37.鼓风机工作异常故障检修		104
26.空调滤清器的检查与更换		75	38.制冷系统工作压力检测		113
27.汽车空调制冷剂压力开关的类型与作用		83	39.制冷系统抽真空与检漏		114
28.压力传感器的工作机理		87	40.冷冻机油补充		115
29.过热保护装置的作用与类别		87	41.制冷剂加注		115
30.蒸发器温控器的作用与分类		90	42.汽车空调制冷不足故障排除		131
31.鼓风机控制电路的分析		93	43.汽车空调不制冷故障排除		133
32.冷凝器风扇控制电路的分析		94	44.汽车空调间歇性不制冷故障排除		133
33.散热器风扇控制电路的分析		96	45.汽车空调系统噪声大故障排除		134
34.压缩机控制电路的分析		98	46.新能源汽车典型故障排除		135

目 录 CONTENTS

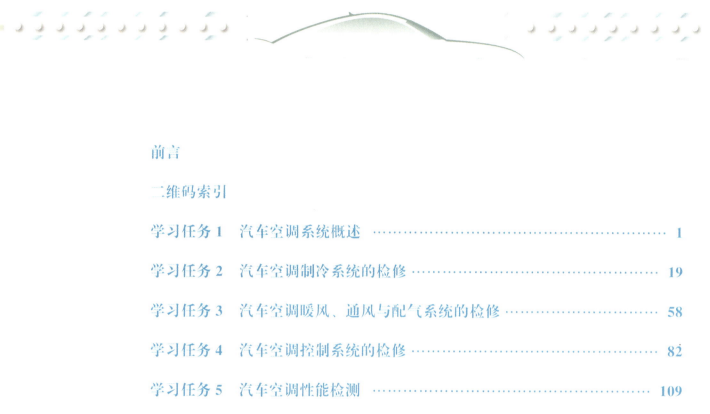

学习任务 1

汽车空调系统概述

一、任务说明

任务描述	小李最近购买了一辆吉利帝豪 EV450 轿车，由于之前没有接触过汽车，不清楚如何使用汽车空调，想要了解汽车空调的功能及使用方法。
任务所属 模块课程	● 空调与舒适系统检修 ● 新能源汽车空调系统检修
任务对应 工作领域	● 汽车电子电气与空调舒适系统工作领域 ● 新能源汽车网关控制娱乐系统技术工作领域
育人目标描述	
1. 增强学生团队及合作意识，强调养成良好学习习惯的重要性 2. 培养严肃认真、精益求精的工作习惯	
职业技能（能力）要求描述	
行为	能正确使用万用表、示波器和诊断仪
条件	车辆/设备：帝豪 EV450
	工具及场地要求：维修工位 4 个、配套维修手册 4 本、工具箱 4 个（内包含 Fluke88 万用表、金德 KT600 综合智能诊断仪）、零件车 4 个、工作灯 4 个、手套若干、无纺布若干、维修工作台 4 个
标准与要求	1. 树立分析问题、解决问题的信心 2. 提高沟通协调、团队合作的能力 3. 树立安全生产、规范操作的意识 4. 能描述汽车空调系统的作用、基础结构组成及类型 5. 能正确认知汽车空调控制面板 6. 能熟练操纵汽车空调控制面板中的各项功能 7. 能正确认知汽车空调系统故障检修的专用工具
成果	完成汽车空调系统结构认知与功能操作

二、任务学习与实施

（一）任务引导与学习

➤ **引导问题 1**：如图 1-1 所示，汽车空调系统主要由制冷系统、暖风系统、通风与配气系统和控制系统等几部分组成。请完成以下连线，并说明各部分的作用。

制冷系统　　暖风系统　　通风与配气系统　　控制系统

制冷系统作用：_____

_____ 。

图 1-1 汽车空调系统组成

暖风系统作用：_____

_____。

通风与配气系统作用：_____

_____。

控制系统作用：_____

_____。

➤ 引导问题 2：请从下列选项中选出汽车空调系统的功能（   ）（多选）。

A. 空调可吸入新风，具有通风功能

B. 空调可过滤空气，排除空气中的灰尘和花粉等

C. 空调能够排出空气中的湿气。干燥空气吸收人体汗液，可以营造更舒适的环境

D. 空调能控制车厢内的气温，既能加热空气，也能冷却空气，以便把车厢内温度控制到舒适的水平

➤ 引导问题 3：汽车空调系统可按驱动方式、_____、_____和调节方式 4 种方式进行分类。

➤ 引导问题 4：汽车空调系统按驱动方式可分为_____和_____，简述每种类型的特点。

_____

_____

➤ 引导问题 5：汽车空调系统按空调性能可分为_____和_____，简述每种类型的特点。

_____

_____

➤ 引导问题 6：汽车空调系统按控制方式可分为_____和_____，简述每种类型的特点。

_____

_____

> 引导问题7：汽车空调系统按调节方式可分为_____和_____，简述每种类型的特点。

_____

_____

> 引导问题8：汽车空调专用维修工具见表1-1，请把名称填写在对应图片下面。

表1-1 汽车空调专用维修工具

名称：	名称：	名称：	名称：
名称：	名称：	名称：	名称：

> 引导问题9：请简述下列专用工具的使用方法。

压力表：_____

电子检漏仪：_____

荧光检漏仪：_____

制冷剂鉴别仪：_____

制冷剂加注回收机：_____

> 引导问题10：制冷剂不能随意排放，应使用制冷剂加注回收机进行回收，避免对环境造成污染。爱护环境是每个公民应该承担的社会责任和义务，因为环保意识的提升（　　）。

A. 改变了人们对人与自然相互关系的认识　　B. 有利于人们根本价值观进步

C. 有助于人们思维方式的改进　　D. 有助于社会全面进步

 知识链接

1. 汽车空调系统的组成及功能

（1）汽车空调系统的组成　汽车空调系统主要由制冷系统（图1-2）、暖风系统（图1-3）、通风与配气系统（图1-4）和控制系统（图1-5）组成。

制冷系统主要由空调压缩机、冷凝器、储液罐、蒸发器以及膨胀阀等部件组成。制冷系统的主要功能是对车室内的空气或由外部进入车内的新鲜空气进行冷却或除湿，使车室内空气变得凉爽舒适。

暖风系统主要由PTC加热器、PTC电动水泵、暖风芯体以及鼓风机等部件组成。暖风系统的主要功能是对车室内的空气或由外部进入车内的新鲜空气进行加热，用于取暖、除湿以及除霜。

汽车空调系统
组成及功能

图 1-2 制冷系统

图 1-3 暖风系统

通风与配气系统主要由空气滤芯、风道、鼓风机等部件组成。通风与配气系统的主要功能是将外部新鲜空气吸进车室内进行通风和换气，清洁车室内空气，使车室内空气保持新鲜，通风同时可防止风窗玻璃起雾。

控制系统的主要功能是对制冷系统和暖风系统的温度、压力进行控制，同时对车室内的温度、风量、流向进行控制，保证空调系统各项功能正常。

图 1-4 通风与配气系统

图 1-5 控制系统

（2）汽车空调系统的功能 现代汽车空调有多种功能，这些功能都可提高乘员的舒适感。

1）空调系统能控制车厢内的气温，既能加热空气，也能冷却空气，可以将车厢内温度控制在乘员感到舒适的水平。

2）空调系统能够排出空气中的湿气。干燥空气吸收人体汗液，可以营造舒适的环境。

3）空调系统可吸入新风，具有通风功能。

2. 汽车空调系统类型及特点

汽车空调系统可按驱动方式、空调性能、控制方式、调节方式 4 种方式进行分类。

（1）按驱动方式分 分为独立驱动式和非独立驱动式。独立驱动式汽车空调系统单独采用一台发动机来驱动空调压缩机，其制冷量大、工作稳定，但成本高、体积及质量大，多用于大中型客车。非独立驱动式汽车空调系统的空调压缩机由汽车发动机驱动，制冷性能受发动机工作影响较大，稳定性差，多用于小型客车和轿车。

（2）按空调性能分 分为单一功能型和冷暖一体式。单一功能型汽车空调系统将制冷、供暖、通风系统各自安装、单独操作，互不干涉，多用于大型客车和载货汽车上。冷暖一体式汽车空调系统的制冷、供暖、通风共用鼓风机和风道，在同一控制板上进行控制，工作时可分为冷暖风分别工作的组合方式和冷暖风可同时工作的混合调温方式。目前轿车上一般采用冷暖一体式汽车空调系统。

（3）按控制方式分　分为手动式和电控气动调节式。手动式汽车空调系统直接通过手拨动控制板上的功能键对温度、风速、风向进行控制。电控气动调节式汽车空调系统利用真空控制机构，在选择空调功能键后，自动控制温度和风量，使车室内温度保持在预定温度。

（4）按调节方式分　分为全自动调节式和微机控制的全自动调节式。全自动调节式汽车空调系统利用计算比较电路，通过传感器信号及预调信号控制调节机构工作，自动调节温度和风量。微机控制的全自动调节式汽车空调系统以微机为控制中心，实现对车内空气环境全方位、多功能的最佳控制和调节。

3. 汽车空调系统专用维修工具认知

汽车空调系统专用维修工具主要有歧管压力表、检漏仪、制冷剂鉴别仪、制冷剂回收加注机、温度计与风速计等。

（1）歧管压力表　歧管压力表是维修汽车空调制冷系统必不可少的重要工具，它与制冷系统相接可进行抽真空、充注制冷剂和诊断制冷系统故障等。如图1-6所示，歧管压力表主要由两个压力表（低压表和高压表）、两个手动阀（低压手动阀和高压手动阀）和3根软管接头组成。歧管压力表与汽车空调系统之间是用橡胶软管连接起来的，橡胶软管有多种颜色，通常情况下蓝色软管用于低压侧，与低压侧维修阀相连；红色软管用于高压侧，与高压侧维修阀相连；黄色软管用于连接真空泵或制冷剂罐。

使用方法：

1）当低压手动阀开启、高压手动阀关闭时，低压管路与中间管路低压表相通，这时可从低压侧加注制冷剂。如从低压侧加注制冷剂或排放制冷剂，可同时检测高压侧的压力。

2）当低压手动阀关闭、高压手动阀开启时，高压管路与中间管路高压表相通，这时可从高压侧加注制冷剂或排放制冷剂，并同时检测低压侧的压力。

3）当高、低压手动阀均关闭时，可进行高、低压侧的压力检测。

4）当高、低压手动阀都开启时，可进行加注制冷剂、抽真空。

注意：压力表软管与接头连接时，只允许用手拧紧，禁止使用工具，否则容易使接头损坏。

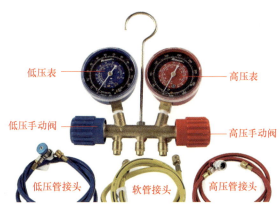

图1-6　歧管压力表组成

（2）检漏仪　空调系统检漏仪主要有电子检漏仪和荧光检漏仪两种，主要用于检测空调系统中制冷剂是否泄漏。

1）电子检漏仪。图 1-7 所示为 XIF XP-1A 电子式检漏仪面板，主要包括电源开关、重设键、静音键、灵敏度调高键、灵敏度调低键和电池电量检测键。

使用方法：

① 按电源键，开机。

② 调节灵敏度，使第一个 LED 灯亮，仪器发出低频滴滴声。

③ 探头指向待检区域，不要接触待检的部位。

④ 若亮的 LED 灯增多，声音频率升高，则说明有泄漏。

⑤ 当仪器报警时，按重设键，此后只有检测到更高浓度的制冷剂含量时仪器才会报警。检测时可重复此步骤，直到找到泄漏源。

注意：使用检漏仪前要检查探头，确保探头上没有灰尘或油渍。如果探头脏污，可将探头浸入酒精等温和清洗剂内数秒钟，然后用压缩空气吹干或用无纺布擦干。

电子检漏仪的
使用方法

荧光检漏仪的
使用方法

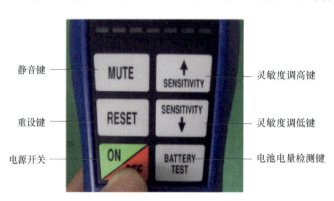

图 1-7　XIF XP-1A 电子式检漏仪面板

2）荧光检漏仪。

如图 1-8 所示，技能大赛所使用的 Robinair 荧光检漏仪主要包括荧光剂注射枪、射灯、低压手动阀接头、滤光镜、荧光剂瓶和清洗剂。将荧光剂加入制冷系统中，若系统某处有泄漏，制冷剂泄漏时会将荧光剂携带出来，当用紫外线射灯照射时，荧光剂会发出黄色或黄绿色的光，从而找到泄漏点。

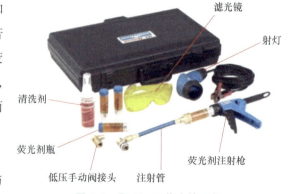

图 1-8　Robinair 荧光检漏仪

使用方法：

① 连接射灯。将射灯的正、负极与汽车蓄电池的正、负极对应相连。

② 戴上滤光眼镜。

③ 查找漏点。用射灯发出的紫外线光照射待检部位，观察是否有黄色或黄绿色的光，若有，则说明此处存在泄漏。

注意：查找漏点前，需要让空调压缩机运转 10min 以上，使荧光剂在制冷系统中充分循环，否则可能会因为荧光剂未充分循环而导致查漏失败。

（3）制冷剂鉴别仪　制冷剂鉴别仪主要用于检验制冷剂的类型、纯度、非凝性气体以及其他杂质。如图 1-9 所示，技能大赛采用的 Robinair 16910 型制冷剂鉴别仪主要包括主机、过滤器、净化排放软管以及适配接头等，它可以鉴别 5 种成分：R134a、R12、R22、HC、空气，纯度以百分比显示，精度为 0.1%。

使用方法：

1）给仪器通电，开机。主机预热约 2min，在此期间设定海拔。注意：海拔输入错误将导致仪器检测错误。

2）系统标定。仪器会通过进气口吸入环境空气约 1min，用于校正测试元件并排除残余制冷剂气体。

3）连接管路。将制冷剂采样管的快速接头接在压缩机低压手动阀上或待检测的制冷剂瓶口上，另一端接到制冷剂鉴别仪的采样口。注意：将制冷剂鉴别仪上的压力表调到 5~25psi（34.5~172kPa）。

4）检验样品。按下"A"键，制冷剂样品立即流向制冷剂鉴别仪，进行检验。仪器对样品的分析时间大约 1min，分析完成后，拆下采样管。

5）结果分析。仪器显示结果主要有 4 种：PASS、FALL、FALL CONTAMINATED、NO REFRIGERANT-CHK HOSE CONN。

PASS：制冷剂纯度达到 98% 或更高。通过检验，可以回收。

FALL：样品被测定为 R134a 或 R12 的混合物，纯度均未达到 98%。

FALL CONTAMINATED：测定的样品中未知制冷剂（如 R22 或 HC 混合物）的含量至少 4%。在这种模式下，不能显示制冷剂或空气混合物的含量。

NO REFRIGERANT-CHK HOSE CONN：空气含量高达 90% 以上，或无制冷剂。

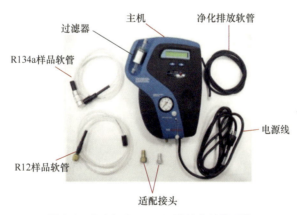

图 1-9　Robinair 16910 型制冷剂鉴别仪

制冷剂回收
加注机的
使用方法

（4）制冷剂回收加注机　在汽车空调系统的维修过程中，制冷剂回收加注机能对大部分车型空调系统的制冷剂和冷冻机油进行回收、加注量提供准确参考数据，实现制冷剂的回收、净化、加注。图 1-10 所示为技能大赛所使用的 Robinair AC375 型制冷剂回收加注机。

使用方法：

1）开机。打开电源开关，屏幕显示工作罐中制冷剂净重，即回收前的制冷剂净重数值。注意：罐中制冷剂的质量一般不超过罐体上的标称储存量的 80%。

2）自检漏。按"菜单键"→按数字键输入密码"1234"→按"确认"键进入菜单内容→选择"自检漏"菜单→按"确认"键→根据屏幕提示"不连接红蓝歧管然后打开高、低压手动阀"→按"确认"键，系统进入自检漏。

3）启动空调（设置风速最大、外循环）运行3~5min后，按下回收加注机的回收键，进行回收程序。

4）设置回收量。按"数据库"键，根据车型、生产年代，在数据库查出该车辆充注的制冷剂种类和质量以及冷冻油的质量。通过数字键设置回收量。

5）连接管路。将高、低压快速接头连接至制冷系统的维修阀口。

图1-10　Robinair AC375型制冷剂回收加注机

注意：顺时针拧开高、低压开关时，速度应慢一些，以防止冷冻机油被制冷剂带出。

6）打开仪器上的高压、低压阀。按下"确定"键，设备启动清理管路功能。

7）回收结束后，警告灯闪烁3次，蜂鸣器同时发出3声鸣响，显示回收的制冷剂量，仪器准备排除空调内的废油。

8）查看回收结束后工作罐质量并记录，回收结束后会显示制冷剂净重，即制冷剂回收量＝回收后的净重−回收前的净重。

 情智链接

R12为汽车空调制冷剂的一种，因其对大气臭氧层有极强的破坏力，并产生温室效应，危及人类赖以生存的环境，故目前已经被禁用。R134a作为目前主流的环保制冷剂，完全不破坏大气臭氧层，广泛用于制冷空调设备上的初装和维修过程中的再添加。大家在日常工作、学习、生活中，应牢固树立和践行"绿水青山就是金山银山"的理念，从自身做起，推动绿色发展，建设美丽祖国。

（二）任务计划与实施

➤ 引导问题11：汽车空调控制面板主要有哪些功能按键？

汽车空调面板功能

➤ 引导问题12：请指出图1-11中各数字对应的功能按键名称并简述各自的作用。

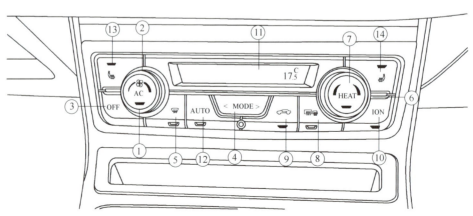

图1-11　空调控制面板

_____。

_____。

_____。

_____。

➤ **引导问题13：**请指出图1-12中字母标注出的出风口名称并简述各自的作用。

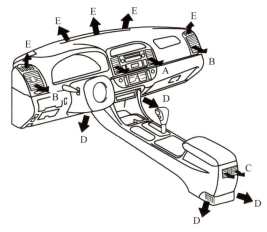

图1-12　空调出风口布置

A：_____。

B：_____。

C：_____。

D：_____。

E：_____。

➤ **引导问题14：**汽车空调使用的小技巧有哪些？

_____。

_____。

_____。

小提示

1）日常行车，应在停车之前几分钟关掉冷气，然后开启自然风，在停车前使空调管道内的温度回升，消除与外界的温差，从而保持空调系统的相对干燥，避免因潮湿造成大量霉菌的繁殖。

2）行驶过程中短暂停车时，不要频繁开/关空调，频繁开/关空调容易对空调系统造成损坏。

知识链接

1．汽车空调控制面板功能

吉利帝豪EV450轿车的空调控制面板如图1-13所示。各个功能按键的名称和功能分别为：

1）A/C按键：制冷开关，按下此键可开启空调进行制冷。

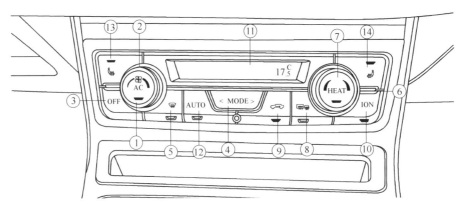

图 1-13 吉利帝豪 EV450 轿车的空调控制面板

2）风量调节旋钮：旋转此旋钮可调节出风口的风量大小。

3）OFF 按键：关闭按键，按下此键可关闭空调系统。

4）出风模式调节按键：按下此键可调节出风模式，可以选择吹面、双向（吹面和吹脚）、吹脚、混合（吹脚和除霜）。

5）前风窗除霜除雾按键：按下此键可启动前风窗玻璃的除霜功能。

6）温度调节旋钮：旋转此旋钮可以设定车内的温度。

7）加热按键：按下此键可启动空调进行制热。

8）后风窗/外后视镜除霜按键：按下此键可启动后风窗玻璃及外后视镜的除霜功能。

9）内/外循环按键：按下此键可进行空气内/外循环切换。

10）空气净化器按键：按下此键可启动空气净化系统，对车内空气进行清洁。

11）显示屏：显示当前车辆的运行状态信息，如行驶速度、剩余电量等。

12）AUTO 按键：按下此键后，室内设定温度自动跳转至 23℃，内、外循环根据当前工作状态进行调整。

13）驾驶人座椅加热按键：按下此键可启动驾驶人座椅加热功能。

14）前排乘员侧座椅加热按键：按下此键可启动前排乘员座椅加热功能。

2. 汽车空调出风口布置

吉利帝豪 EV450 轿车的空调出风口布置如图 1-14 所示。各个出风口的名称和功能分别为：

A：中央脸部出风口，使空气从仪表台中央出风口吹出，调节中部空间的温度。

B：侧面空间出风口，使空气从侧面出风口吹出，调节侧面空间的温度。

C：后排脸部出风口，使空气吹向后排乘员的脸部，调节后排空间的温度。

D：脚部出风口，使空气吹向脚部空间。

E：除霜出风口，包括中央和侧面除霜出风口，空气吹向前风窗玻璃和侧窗。

3. 汽车空调使用小技巧

1）先打开窗户再开空调。在炎热的夏季，尤其是当汽车在室外暴晒一定时间后，车内温度较高，此时不宜立刻打开空调。建议先打开车窗，过两三分钟后再开空调，这样不仅可以将车内有毒气体排出，而且会使空调的冷风将热风从车窗挤出，使降温效果显著。

2）注意车内空调温度的调整。部分车主会下意识地将空调的温度调得很低，认为这

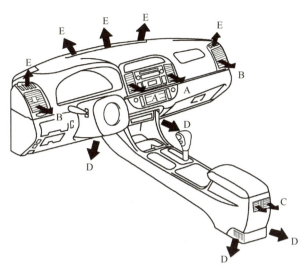

图 1-14　吉利帝豪 EV450 轿车的空调出风口布置

样会更凉快，但是由于车内、外温度差过大，会导致身体内分泌失调等不良症状的出现。建议调整车室内温度在 25℃ 左右，不宜和外界气温相差太多。

3）停车时注意发动机和空调的关闭顺序。应该先按下空调关闭按钮，后关闭发动机。

4）定期进行空调的清洗。若长时间使用却不清洗，会导致排气扇内灰尘、细菌积累，从而在车室内产生异味，不利于乘员的身体健康。

5）内、外循环兼顾。简单地说，内循环就是外面的空气不流入车内，外循环就是将外面的空气吹向车内。开车时间过长的车主不要一直保持内循环，长期保持内循环会导致车内的氧气含量下降，不利于驾驶。内、外循环的使用需要兼顾外部的环境，如果车外环境较差（如沙尘天气、雾霾等）建议用内循环，车外空气质量较好时可以使用外循环。

任务技能点：　汽车空调控制面板的操作

1. 准备工作

2. 操作步骤说明

（1）温度设定　温度调节旋钮用来设定车内温度，如图 1-15 所示。该温度值作为用户信息显示在 LCD 上。温度设置范围在 16~32℃ 之间，温度调节每步为 0.5℃。当设定温度低于 16℃ 时，LCD 显示"LO"；高于 32℃ 时，LCD 显示"HI"。

在自动模式下，当进入 LO/HI 时，系统将保持最大风量送风状态持续运行。

（2）风量设定　风量调节旋钮用来手动设定鼓风机的风速，如图 1-16 所示。风量共分为 0~7 档，用户可以根据实际需要手动调节到合适的档位。在自动状态下，鼓风机速

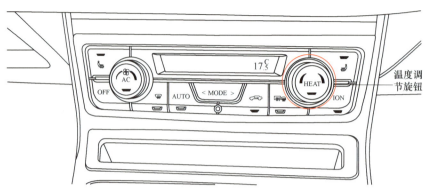

图 1-15 温度调节旋钮

度将由系统自动控制，对风量调节旋钮的操作会使系统状态由自动模式转为手动模式，AUTO 标识消失。

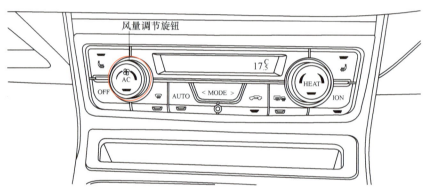

图 1-16 风量调节旋钮

（3）出风模式 自动空调控制器提供了手动和自动两种出风模式供用户选择。出风模式调节按键如图 1-17 所示。通过调节面/脚/风窗玻璃的风门可以控制出风模式。吹头和吹脚的温度分配的不同可以给脚部提供较温暖的空气，给头部提供较凉爽的空气，保证驾驶人始终处于舒适的环境中。温度分配的范围受到汽车空间大小的影响。

手动状态下，用户可以选择 4 种出风模式：吹面、双向（吹面和吹脚）、吹脚、混合（吹脚和除霜），除霜模式为单独按键。各出风模式下，LCD 显示相应标识。

自动状态下，出风模式是自动控制逻辑的一部分，出风模式由控制器自动选择。为达

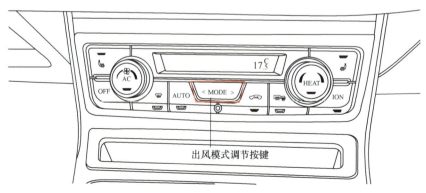

图 1-17 出风模式调节按键

到舒适程度，空调控制模块选择一个当时最接近的模式显示在 LCD 上。当对出风模式按键进行操作时，系统将从自动模式转到手动模式。

（4）内、外循环控制　操作内/外循环按键和 AUTO 按键可控制循环模式。内、外循环按键如图 1-18 所示。控制面板得到用户设定的温度值、当前车外环境温度、车内温度、蒸发器表面温度、车速信号、冷却液温度信号、阳光强度、AQS 信号等，输入给热管理控制器计算内、外循环风门位置。

操作 AUTO 按键或者内/外循环按键切换至 AQS 模式，使内、外循环模式控制进入自动模式（AQS 模式）。自动模式中，当内循环模式保持 45min 时，自动强制切换为外循环并保持 30s，30s 后回到内循环模式，与空气质量指令冲突时，优先空气质量指令。

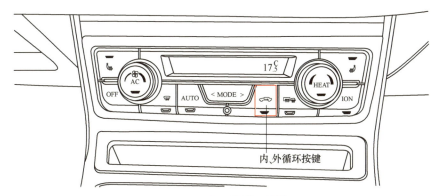

图 1-18　内、外循环按键

（5）除霜控制　用户通过操作前风窗除霜除雾按键可进入最大除霜模式，如图 1-19 所示。进入最大除霜模式后，吹风模式为吹窗模式，此时鼓风机速度最大。

1）前风窗玻璃除霜功能。任意工作状态下（自动、手动、关机），按下除霜按钮，系统即在除霜状态下工作。除霜状态解除后，系统即回到除霜前的状态（自动、手动、关机）。在除霜状态下按动风速调节按钮会使风速相应提高或降低。工作状态保持除霜，压缩机继续工作，出风模式保持吹玻璃。

在除霜过程中，除风速调节、温度调节和后除霜按键以外，对其他按钮的操作都会使系统离开除霜模式而回到除霜模式前的模式。

2）后除霜功能。后除霜按键用来启动后风窗玻璃除霜功能。在后风窗玻璃除霜期间，后除霜按键指示灯亮；关闭后除霜功能，则指示灯熄灭。用户可以再次按下后除霜按键取

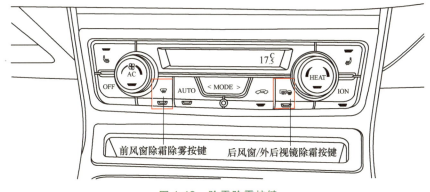

图 1-19　除霜除雾按键

消后除霜功能。

（6）自动与手动工作状态　系统有自动（AUTO）、手动（MANU）和停止（OFF）3种状态。AUTO 按键如图 1-20 所示。

按下 AUTO 按键后，室内设定温度自动跳转至 23℃，内、外循环根据当前工作状态进行调整（制冷工况进入内循环，采暖工况进入外循环）且在调整温度时不退出自动模式。

用户可以通过操作出风模式调节按键、A/C 按键、风量调节旋钮使压缩机控制进入手动模式。

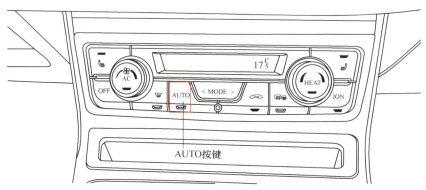

图 1-20　AUTO 按键

（三）任务评价反馈

1. 小组自评

小组自评表（表 1-2）能够让小组成员对各自的信息检索能力、任务认知程度、参与状态、学习方法和工作过程等方面进行评价，从记忆、领会、应用、分析、反馈全方位评估自己对知识的学习及掌握情况。

表 1-2　小组自评表

班级		组名		日期	
评价指标	评价要素			分值	分值评定
信息检索能力	能有效地利用网络资源、工作手册查找有效信息；能用自己的语言有条理地表述所学知识；能将查找到的信息有效地转化到工作中			10	
任务认知程度	熟悉自己的工作岗位，认同工作价值；在工作中，能获得满足感			10	
参与状态	与教师、同学之间相互尊重、理解、平等；与教师、同学之间能够保持多向、丰富、适宜的信息交流			10	
	探究学习、自主学习不流于形式，处理好合作学习和独立思考的关系，做到有效学习；能够提出有意义的问题或能发表个人见解；能按要求正确操作；能够倾听、协助分享			10	
学习方法	工作计划、操作技能符合规范要求；获得了进一步发展的能力			10	
工作过程	遵守管理规程，操作过程符合现场管理要求；平时上课的出勤情况和每次完成学习任务情况良好；善于多角度思考问题，能主动发现、提出有价值的问题			15	
思维状态	能发现问题、提出问题、分析问题、解决问题			10	
自评反馈	按时按质完成学习任务；较好地掌握专业知识点；具有较强的信息分析能力和理解能力；具有较为全面严谨的思维能力并能条理清晰地表述			25	
自评分值					

（续）

有益的经验和做法	
总结反思建议	

2. 小组互评

小组互评表（表1-3）能够让小组成员从信息检索能力、任务认知程度、参与状态、学习方法和工作过程等方面对其他小组进行评价，通过互相评价环节，学习其他小组的长处，弥补自己小组的不足。

表1-3　小组互评表

班级		被评组名		日期	
评价指标	评价要素			分值	分值评定
信息检索能力	该组能有效利用网络资源、工作手册查找有效信息			5	
	该组能用自己的语言有条理地去理解、表述所学知识			5	
	该组能将查找到的信息有效转化到工作中			5	
任务认知程度	该组能熟悉各自的工作岗位，认同工作价值			5	
	该组成员在工作中能获得满足感			5	
参与状态	该组与教师、同学之间相互尊重、理解、平等			5	
	该组与教师、同学之间能够保持多向、丰富、适宜的信息交流			5	
	该组能处理好合作学习和独立思考的关系，做到有效学习			5	
	该组能提出有意义的问题或能发表个人见解，按要求正确操作，能够倾听、协助分享			5	
	该组能积极参与学习任务，并在过程中综合运用信息技术的能力得到提高			5	
学习方法	该组工作计划、操作技能符合规范要求			5	
	该组获得了进一步发展的能力			5	
工作过程	该组遵守管理规程，操作过程符合现场管理要求			5	
	该组平时上课的出勤情况和每次完成学习任务情况良好			10	
	该组善于多角度思考问题，能主动发现、提出有价值的问题			5	
思维状态	该组能发现问题、提出问题、分析问题、解决问题			10	
自评反馈	该组能严肃认真地对待自评，并能独立完成自测试题			10	
自评分值					
简要评述					

3. 教师评价

教师评价的内容主要包括小组出勤情况、信息收集能力、计划制订是否完善、工作过程是否规范等，见表1-4，能够帮助学生更好地理解学习任务，促进对任务知识点、技能点的消化和吸收。

表 1-4　教师评价表

班级		组名		姓名	
出勤情况					
评价指标	评定要素			分值	分值评定
理想信念	有坚定的理想信念,热爱祖国			5	
	坚持正确的政治方向,政治积极向上			5	
	坚持社会主义核心价值观			5	
	在实操过程中体现劳动精神、工匠精神			5	
	具备良好的职业道德和环保意识			5	
道德品质	遵守公共场所的管理规定,自觉维护公共秩序和社会公德			5	
	在公共场所举止文雅,文明礼貌			5	
	爱护公物,保护公共设施			5	
	积极参加社会公益活动			5	
信息检索	能够顺利完成教师安排的任务,快速找到有效信息,并转化到工作中去			5	
任务认知	能够读懂文字的表达内容			5	
	能够满足岗位工作要求,掌握工作流程,熟悉注意事项			5	
参与状态	与教师、同学之间相互尊重、理解			4	
	能够做到独立思考、表达自己想法			4	
	能够按照要求正确操作、能够倾听对方表达的内容,乐于分享			4	
学习方法	能够按照工作内容的紧急情况合理地制订计划			4	
	能够按要求完成工作计划,且操作符合规范			4	
工作过程	操作符合安全规定			5	
	操作符合流程规范			5	
	能够协助他人完成工作			5	
思维状态	工作过程思维清晰,对工作结果能够正确预判,对其他相关工作有帮助			5	
师评分值					
综合评价					

三、任务拓展信息

大众 e-golf 热泵系统

热泵可以在低温环境下向高温环境加热。它在传统燃油汽车上应用得比较广泛，技术比较成熟，在电动汽车上也有应用，比如 BMW i3，Audi e-tron，Jaguar I-Pace 等。

热泵不是一个零部件，而是一个系统，与汽车空调制冷系统可以共用一部分零件。热泵的工作原理比较简单：气体的温度会随着气体压力的增大而升高。用力压气体（温度增加），然后让其冷却，再让其膨胀，就可以得到更冷的气体。可以认为热泵的工作原理与空调系统暖风工作时相反，高温高压的制冷剂流过冷凝器时，释放的能量直接进入外环境；而高温高压的制冷剂流过热泵的换热器时，制冷剂释放的热量进入乘员舱。

热泵需要选择一种合适的气体（通常为HFC134a或HFO1234yf），它具有合适的沸点，冷却时会变成液体，膨胀时又变回气体，以吸收更多的热量。

1. e-golf热泵系统架构与工作模式

e-golf的热泵系统可用于实现乘员舱的制冷和加热功能。除去与传统燃油汽车都具有的压缩机、散热器、干燥器等外，热泵主要零部件包括控制单元、换热器、管和软管、结构件，如图1-21所示。e-golf共有3个换热器，其中两个在乘员舱HVAC中，另外一个在发动机舱。

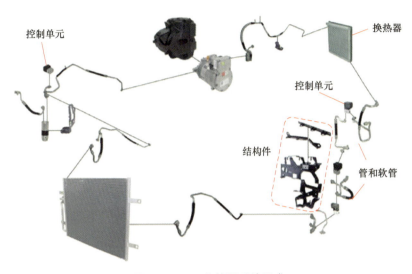

图1-21　e-golf热泵系统组成

2. 冷却模式

冷却模式工作过程如图1-22所示。在系统处于冷却模式时，压缩机将制冷剂输送到乘员舱内的冷凝器，再进入车前部的冷凝器，在这里空气冷却制冷剂，必要时风扇会辅助冷却；之后，制冷剂进入膨胀阀，膨胀压力降低，温度降低；温度低的制冷剂进入蒸发器，制冷剂在这里蒸发从车内吸收热量，从而冷却乘员舱。制冷剂返回压缩机，循环工作。

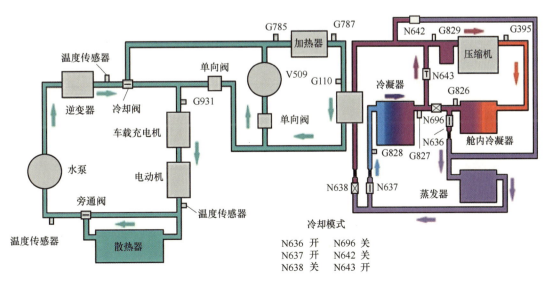

图1-22　冷却模式工作过程

3. 加热模式（从空气中吸热）

加热模式（从空气中吸热）工作过程如图 1-23 所示。在这种模式下，会分两种热来源：一是 PTC 加热器，加热冷却液，热泵系统回路从蒸发器出来的制冷剂从加热的冷却液中吸收热量，然后进入压缩机，再进入乘员舱冷凝器，放热，这种情况一般出现在汽车刚起动时；二是，在汽车已经行驶很长一段时间时，电动机电控等产生了热量，冷却回路通过这些热加热，热泵系统从加热后的冷却液吸收热量。其他的工作过程与制冷模式基本相同。

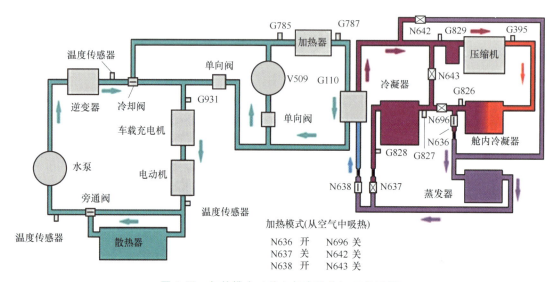

图 1-23　加热模式（从空气中吸热）工作过程

4. 加热模式（同时从空气和冷却回路吸收热）

加热模式（同时从空气和冷却回路吸收热）工作过程如图 1-24 所示。处于该模式时，热泵会同时从空气（经由车前的冷凝器）和冷却液吸收热量，其他的工作过程与冷却模式基本相同。

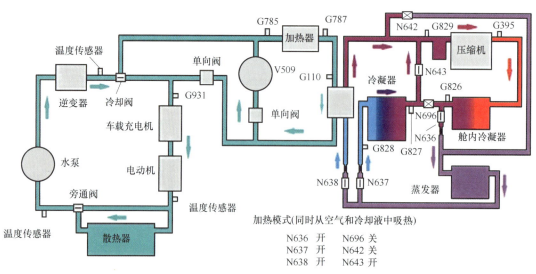

图 1-24　加热模式（同时从空气和冷却回路吸收热）工作过程

学习任务 2

汽车空调制冷系统的检修

一、任务说明

任务描述	比亚迪 e5 新能源汽车，打开 A/C 开关，压缩机工作几分钟就停机，空调制冷效果不明显，即使调大风量，出风口吹出的风也不凉。客户需要了解新能源汽车与传统汽车空调系统的主要区别，希望得到专业的介绍
任务所属 模块课程	• 空调与舒适系统检修 • 新能源汽车空调系统检修
任务对应 工作领域	• 汽车电子电气与空调舒适系统工作领域 • 新能源汽车网关控制娱乐系统技术工作领域
育人目标描述	
1. 增强学生团队及合作意识，强调养成良好自主学习能力的重要性 2. 培养严肃认真、精益求精的工作习惯	
职业技能（能力）要求描述	
行为	能够完成汽车空调制冷系统部件的检修作业
条件	车辆/设备：丰田卡罗拉轿车、压缩机总成
	工具及场地要求：维修工位 4 个、原车配套维修手册 4 本、原车配套电路图 4 本、工具箱（内包含扳手、棘轮、套筒、钳子、扭力扳手等通用手动工具）4 个、零件车 4 个、工作灯 4 个、压缩机总成 4 个、手套若干、护目镜若干、维修工作台 4 个
标准与要求	1. 树立分析问题、解决问题的信心 2. 提高沟通协调、团队合作的能力 3. 强化安全生产、规范操作的意识 4. 培养爱护环境、节约资源的意识 5. 掌握汽车空调的工作原理 6. 掌握新能源汽车与传统汽车空调系统的不同点 7. 理解掌握汽车空调系统各个部件的作用、组成与工作原理 8. 理解膨胀阀式与节流管式制冷系统的区别 9. 能够正确操作汽车空调制冷系统
成果	正确地对汽车空调系统的压缩机等部件进行拆装

二、任务学习与实施

（一）任务引导与学习

➢ 引导问题 1：在图 2-1 所示的空调制冷循环中，请写出以下部件的名称。

1：_____，2：_____，3：_____，4：_____，
5：_____，6：_____，7：_____，8：_____，
9：_____，10：_____，11：_____，12：_____，
13：_____。

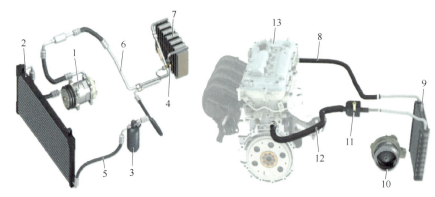

图 2-1　空调制冷循环

➤ **引导问题 2：** 请画出汽车空调制冷循环框图，并简述其基本原理。

_____

_____

_____

_____

_____

知识链接

汽车空调制冷系统工作原理与组成

（1）空调制冷的基本原理　汽车空调制冷系统的基本功能是调节车内温度，高档轿车空调系统还具有调节车内空气湿度的功能。制冷是指空调系统获得冷气而制造和维持必要的冷源的过程。冷源是指温度低于环境温度的物体或场所。人们在游完泳时会有冷的感觉，在手臂上涂抹酒精也有凉爽的感觉，如图 2-2 所示，这都是因为液体的蒸发带走了热量。

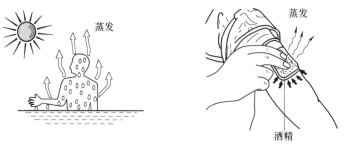

图 2-2　蒸发带走热量

如图 2-3 所示，将一个带有开关的容器装在一个绝热良好的盒子内，容器中装有常温下容易挥发的液体，将开关打开时，容器内的易挥发液体便开始蒸发，同时吸收绝热盒子内的热量，吸收了热量的液体转化为气体，从开关排出，盒内的温度便会低于盒外的温度。如果容器内的易挥发液体能得到不断的补充，冷却的效果便会持续下去。从制冷装置

的运作情况看，制冷过程中热量的转移是靠液体的状态变化实现的，这种液体称为制冷剂。

（2）制冷循环　为了使前述制冷装置的制冷过程持续下去，就必须不断地向容器中补充制冷剂，从开关放出的制冷剂也应回收加以反复利用。为此，有必要制作一套装置使制冷剂能够在装置中循环，不断地将热量带走。根据前述物质的沸点与压力的关系，降低压力可以使物质的沸点降低，使其更加容易蒸发而吸收热量；提高压力可以使物质的沸点升高，使其更加容易转化为

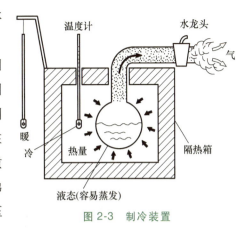

图2-3　制冷装置

液体而放出热量。为此，将前述装置从开关放出的气体制冷剂回收，使其进入一台压缩机，提高压强，再通过一个冷凝器，经强制冷却放出热量变为液体，将这种液体制冷剂暂时存放在一个储液罐中以备再次使用，如图2-4所示。

高压的液体通过一个小孔，可以使其迅速膨胀而压强减小。在这种情况下，液体由于压力的降低而非常容易汽化而吸热。因此，将储液罐中的制冷剂通过一个小孔（膨胀阀）放出，让其进入一个蒸发器。由于制冷剂的压强下降，所以很快便会蒸发，吸收蒸发器周围的热量，使蒸发器周围得到冷却。

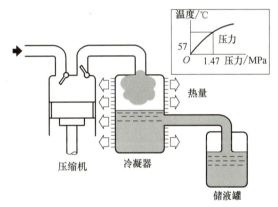

图2-4　通过压缩使制冷剂转化为液体并放出热量

将上述两个过程组合起来，就可以形成一个制冷循环，储液罐中高压的液态制冷剂从膨胀阀喷出，压力下降，体积迅速膨胀，转化为气体，吸收周围的热量，使周围的温度下降，如图2-5所示；气态的制冷剂再经压缩机加压形成高压气态的制冷剂，高压气态制冷剂进入冷凝器冷却，从气态转变为液态，同时放出热量；液态制冷剂再进入储液罐，以备再次使用，这就是一个完整的制冷循环。从制冷循环可以看出，制冷就是通过制冷剂的状态变化将一个地方（蒸发器周围）的热量带到另一个地方（冷凝器周围）。制冷循环中的各种装置都是围绕这种热量的转移而设置的。

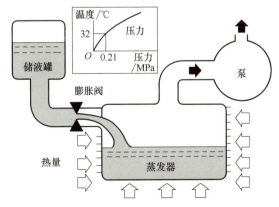

图2-5　通过膨胀阀的液体制冷剂转化为气体吸收热量

（3）制冷系统的工作原理　调节车内温度是汽车空调制冷系统的基本功能，汽车空调制冷系统的第 2 个功能是调节车内空气的湿度。

制冷系统的主要部件有压缩机、冷凝器、储液干燥器（集液器）、膨胀阀（膨胀管）、蒸发器等，如图 2-6 所示，各主要部件的名称、功用及实物见表 2-1。

空调制冷系统
的组成与
工作原理

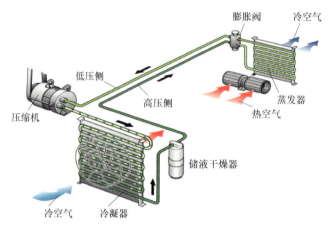

图 2-6　汽车空调制冷系统组成

表 2-1　汽车空调制冷系统主要部件的名称、功用及实物

元　件	功　用	图　示
压缩机	压缩制冷剂，使制冷剂在系统中循环	
冷凝器	对从压缩机排出的气态制冷剂散热降温，使其变成液态制冷剂	
储液干燥器（集液器）	储存制冷剂、干燥水分、过滤杂质	
膨胀阀（膨胀管）	节流降压	

（续）

元　件	功　用	图　示
蒸发器	使制冷剂膨胀，并吸收空气中的热量	
压力开关	在制冷系统的压力过高或过低时，使制冷剂系统停止工作，保护管路或使压缩机停止工作	
空调管路	制冷剂循环管道	

　　压缩机等各部件之间采用铜管（或铝管）和高压橡胶管连接成一个密闭系统。制冷系统工作时，制冷剂以不同的状态在这个密闭系统内循环流动，每一循环有 4 个基本过程。汽车空调制冷系统的工作原理如图 2-7 所示。

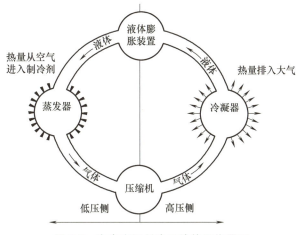

图 2-7　汽车空调制冷系统的工作原理

　　制冷循环就是利用有限的制冷剂在封闭的制冷系统中，反复地将制冷剂压缩、冷凝、膨胀、蒸发，不断在蒸发器中吸热汽化，使蒸发器始终保持很低的温度而用于车内空气的降温除湿。在制冷循环系统中，压缩机是动力源。汽车空调制冷系统制冷剂循环流程如图 2-8 所示。

　　在汽车空调系统中，压缩机由发动机曲轴上的传动带驱动，并将蒸发器中因吸收车内热量而汽化的低温低压气态制冷剂经低压软管和低压阀吸入压缩机。低温低压气态制冷剂

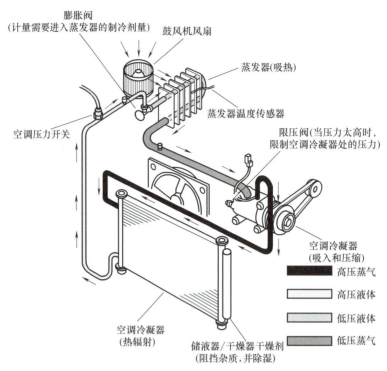

图 2-8 汽车空调制冷系统制冷剂循环流程

经压缩机压缩后，变成高温（约 65℃）、高压（约 1300kPa）的气态制冷剂，经高压阀和高压软管送入发动机散热器前面的冷凝器。制冷剂在冷凝器中由车外空气冷却成为高温（约 55℃）、高压（约 1300kPa）的液态制冷剂，并从冷凝器底部流向储液干燥器。经储液干燥器过滤、脱水后，制冷剂由高压软管送入热力膨胀阀，经热力膨胀阀节流降压后，变成低温（约 -5℃）、低压（约 150kPa）的液态制冷剂进入蒸发器，并在蒸发器内大量吸收蒸发器管壁及周围空气的热量而蒸发汽化，使蒸发器表面及其周围的车内热空气温度降低（由此产生冷源）。当鼓风机将车内热空气或车外热空气强制吹过蒸发器表面时，热空气便被蒸发器冷却而变成冷气送回车内空间，从而达到降低车内温度的目的。液态制冷剂在蒸发器内吸热汽化为低温（约为 0℃）、低压（约 150kPa）的气态制冷剂，并经低压软管由压缩机再次吸入，从而完成制冷循环。

在汽车空调制冷系统中，压缩机起着压缩和输送气态制冷剂的作用，是整个制冷系统的"心脏"。膨胀阀起节流降压的作用，同时调节进入蒸发器制冷剂液体的流量，是系统的高、低压侧的分界线。蒸发器是输入冷气的设备，制冷剂在其中吸收冷却空气的热量，使空气降温。冷凝器是放出热量的设备，蒸发器中吸收的热量、压缩机消耗的功所转化的热量一起从冷凝器上散发出去，被冷却空气带走。压缩机所消耗的功起到了补偿作用，只有消耗了外界的功，制冷剂才能把车内较低温度的空气中吸收的热量不断地传递到车外较高温度的空气中去，从而达到制冷的目的。

 情智链接

为了保障汽车空调系统各个部件总成的正常运行，需要各个部件发挥自身功能协调完成空调制冷，各部件通过相互配合、协同合作，最终使整体完成特定功能。团队不仅强调

工作成果，更强调团队的整体状态，团队所依赖的不仅是成员间的协调和决策，它同时强调成员间的共同贡献，所以说团队大于各部分之和。

➤ 引导问题3：图2-9所示的压缩机为＿＿＿＿＿＿＿＿压缩机，也称为斜板式压缩机，是一种轴向＿＿＿＿＿＿＿＿式压缩机，是汽车空调中使用最为广泛的一种。

➤ 引导问题4：图2-10所示的压缩机为涡旋式压缩机，取消了前端的＿＿＿＿＿＿＿驱动轮，增加了＿＿＿＿＿＿＿＿＿＿＿＿和单独控制模块。其中，驱动电机采用具有体积小、质量小、效率高等优点的＿＿＿＿＿＿＿＿。

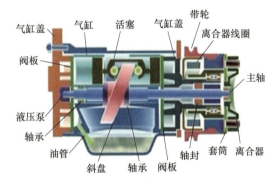

图2-9　压缩机

图2-10　涡旋式压缩机

➤ 引导问题5：传统汽车压缩机与新能源汽车的压缩机有什么区别？

_____

_____

_____

_____

知识链接

1. 空调压缩机

压缩机是推动制冷剂在制冷系统中不断循环的动力源，是制冷系统中低压和高压、低温和高温的转换装置。压缩机有两个重要功能：一是使系统内产生低压条件；二是把气态制冷剂从低压压缩至高压，并使其温度升高。

压缩机可以分为往复活塞式和旋转式两种。往复活塞式压缩机可以分为曲轴连杆式、斜盘式和辐射式3种；旋转式压缩机可以分为转子式、旋叶式、螺杆式和涡旋式4种。大型客车空调压缩机一般采用传统的曲轴连杆机构，即往复活塞式结构；中小型汽车空调压缩机主要采用斜板式和涡旋式压缩机。

（1）斜盘式压缩机　斜盘式压缩机也称为斜板式压缩机，是一种轴向往复活塞式压缩机。目前，它是汽车空调压缩机中使用最广泛的一种。国内常见的轿车，如奥迪、捷达等轿车的空调系统均采用斜盘式压缩机，如图2-11所示。

斜盘式压缩机的结构与工作原理

图2-11　斜盘式压缩机

斜盘式压缩机的结构如图 2-12 所示，其主要零件是主轴和斜盘，如图 2-13 所示。这种压缩机通常在机体圆周方向上布置 6 个或者 10 个气缸，各气缸主轴为中心布置，每个气缸中安装一个双向活塞形成 6 缸压缩机或者 10 缸压缩机。如果是 6 缸，则 3 缸在前部，3 缸在后部。

当主轴旋转时，斜盘随之旋转，斜盘边缘推动活塞做轴向往复运动。当斜盘转动一圈时，前、后各两个活塞完成压缩、排气、膨胀、吸气行程，完成一个循环，相当于两个气缸作用。

斜盘式压缩机有的采用飞溅润滑，有的采用压力润滑，由于其结构紧凑、效率高、性能可靠，因而适用于汽车空调。

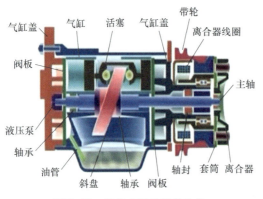

图 2-12　斜盘式压缩机的结构

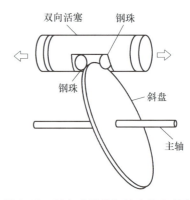

图 2-13　斜盘式压缩机的主轴和斜盘

（2）涡旋式压缩机

涡旋式压缩机的结构与工作原理

电动汽车空调的压缩机一般采用涡旋式压缩机。电动汽车空调系统的组成与传统车辆类似，由空调压缩机、冷凝器、膨胀阀、蒸发器及管路组成，只是空调压缩机改成了电动形式的压缩机，如图 2-14 所示。电动空调压缩机固定在车辆底盘上，一般在电动空调压缩机上集成有压缩机控制器。空调压缩机控制器将高压直流电转换成三相交流电而驱动空调压缩机。电动压缩机上布置有高压插头和低压插头，压缩机本体上有制冷剂循环的进、出管路。

新能源汽车与传统汽车压缩机对比分析

电动压缩机总成如图 2-15 所示，内部采用涡旋式压缩机，主要包括一个定涡旋盘和一个动涡旋盘，如图 2-16 所示。这两个相互啮合的涡旋盘，其线性是相同的，相互错开 180° 安装在一起，即相位角相差 180°。定涡旋盘固定在机架上，动涡旋盘由电动机直接驱动，围绕定涡旋盘做很小回转半径的公转运动，当驱动电机旋转带动动涡旋盘公转时，制冷气体通过滤芯吸入到定涡旋盘的外围部分，随着驱动轴的旋转，动涡旋盘在定涡

图 2-14　涡旋式压缩机

旋盘内按轨迹运转，使动、定涡旋盘之间形成由外向内体积逐渐缩小的 6 个腔，制冷气体在动、定涡旋盘所组成的 6 个月牙形压缩腔内被逐步压缩，最后从定涡旋盘中心孔通过阀片将被压缩后的制冷气体连续排出。涡旋压缩机不需要进气阀，只有排气阀，这样可简化压缩机的结构，消除打开气阀的压力损失，同时提高了压缩效率。

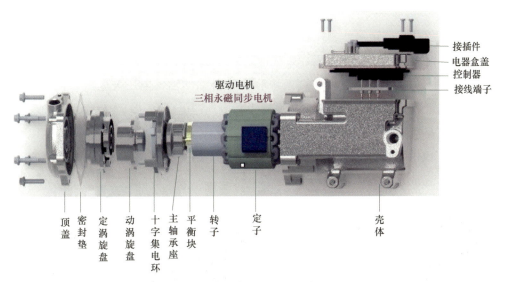

顶盖　密封垫　定涡旋盘　动涡旋盘　十字集电环　主轴承座　平衡块　转子　定子　壳体

图 2-15　电动压缩机总成

电动汽车空调压缩机系统供电路径由动力蓄电池经过高压配电盒、熔断器等向电动压缩机提供高压直流电。电动压缩机集电控、电动机及压缩机为一体设计，压缩机在电控控制、电动机运转以及电控保护下工作实现空调系统制冷。电动汽车通常都采用电动涡旋式空调压缩机，混合动力电动汽车无论使用 EV 模式还

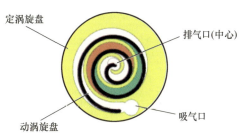

图 2-16　定涡旋盘和动涡旋盘

是 HEV 模式，均采用电动压缩机进行制冷，一旦 SOC 剩余电量低于下限设定值时，将会起动发动机运转，发电机发电，在向动力蓄电池包充电的同时，向电动涡旋式空调压缩机传输直流电以满足驾驶人制冷的需要。因为电动汽车没有发动机，所以在制冷时都采用电动压缩机进行制冷，一旦 SOC 剩余电量低于下限设定值时，整车控制器将启动能量管理，切断电动空调压缩机工作电路，制冷功能被强行关闭。电动压缩机供电方式如图 2-17 所示。

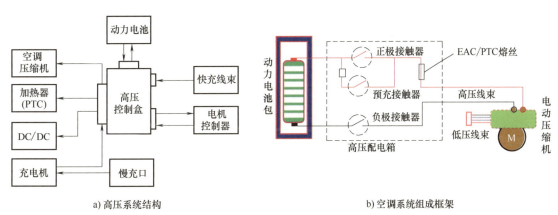

a) 高压系统结构　　　　　　　　　　　b) 空调系统组成框架

图 2-17　电动压缩机供电方式

随着新能源技术的不断创新，动力蓄电池热管理系统同样采用水冷+空调制冷的方式，采用动力蓄电池包的水冷+直冷的热管理技术，空调制冷管路和控制策略也会有所区别，在检修时要根据车辆配置进行检修。

2. 电动压缩机的故障

电动压缩机的故障通常分为：启动失败类故障、间歇性不制冷类故障、异响类故障、泄漏类故障、绝缘（漏电）类故障、系统污染类故障及其他类故障。

（1）起动失败类故障　读取空调系统故障码会有"输入电压欠电压"的故障码，此时可以通过读取动力蓄电池管理系统获取动力蓄电池的电压，并且车辆可以上电，说明其他模块的直流母线输入电压正常，需要检查 EAC/PTC 高压熔丝是否熔断。图 2-18 所示为奇瑞艾瑞泽 7 PHEV 车型高压熔丝检查方法，奇瑞艾瑞泽 7 PHEV 汽车 IPU 内部高压分线盒结构如图 2-19 所示。

测量POD熔丝处与POD输出正极间的导通性

测量高压输入正极与POD输出正极间的导通性

高压分线盒集成在驱动电机控制器(IPU)内部，里面集成了DC/DC变换器熔丝、POD熔丝、PTC熔丝、电动压缩机熔丝。

将POD、PTC和电动压缩机插头拔出断开，用万用表电阻档分别检测POD、PTC和电动压缩机插接件内部接线柱正、负极与高压母线插座正、负极接线柱间电阻值是否小于0.5Ω，否则对应熔丝未烧毁。

若电阻值不小于0.5Ω，则需将高压分线盒熔丝盒盖4颗螺钉松开，打开熔丝盒盖。

DC/DC变换器

POD熔丝

PTC熔丝

电动压缩机熔丝

图 2-18　奇瑞艾瑞泽 7 PHEV 车型高压熔丝检查方法

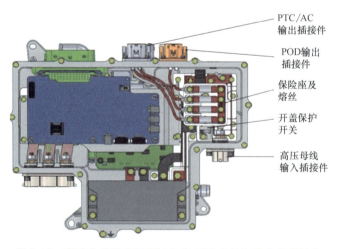

PTC/AC
输出插接件

POD输出
插接件

保险座及
熔丝

开盖保护
开关

高压母线
输入插接件

图 2-19　奇瑞艾瑞泽 7 PHEV 汽车 IPU 内部高压分线盒结构

空调启动失败的其中一个原因为：电动压缩机熔丝断路。如果高压熔丝断路，但是系统储存"输入电压欠电压"，拔下电动压缩机的输入高压直流电，短接高压互锁线，使用万用表测量输入高压直流电压。如果有电压，则证明电动压缩机内部控制器故障，更换电动压缩机总成；如果无电压，则需要检查高压电缆连接触点。图 2-20 所示为检测流程第一步，拔下电动压缩机插接件，短接插座端高压互锁。

图 2-21 所示为检查及分析。若动力蓄电池当前电压为 DC 420V，短接高压互锁，上电

后测量电动压缩机高压直流电，如果无电压则证明熔丝断路，若熔丝无断路，检查高压电缆接触点是否接触不良。如果有电压但电压比较低（如 DC 300V），则证明高压电路接触部位接触不良；如果有电压且和动力蓄电池包电压相等，但是系统储存"欠电压故障"，则电动压缩机内部控制器故障。

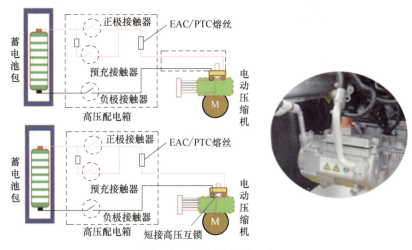

图 2-20 检测流程第一步

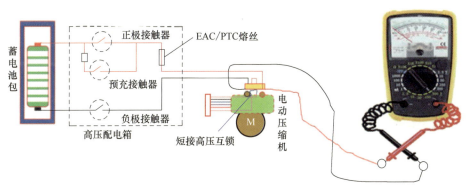

图 2-21 检查及分析

启动失败故障的其他原因有：低压系统故障，通常低压系统故障包括电源故障、接地线故障、通信电路故障。

启动失败低压检测过程：如果高压系统正常，则要检查低压控制电路。首先测量其电源正、负极电压，打开点火开关，用万用表测量电动压缩机低压线束插接件电压，正常情况下应该为低压蓄电池电压，如果无电压，进入下一步测量。以奇瑞艾瑞泽 7 PHEV 车型的检测方法为例，图 2-22 所示为启动失败故障低压电路诊断第一步。

如果万用表无电压，有以下原因：低压空调熔丝断路、前机舱熔丝盒至电动压缩机电路断路、接地线断路等。下一步诊断，红色表笔保持原 1 号 PIN 位置不动，另一只表笔接车身接地，如果有电压，则说明电路断路；如果无电压检查低压空调熔丝及前机舱熔丝盒至电动压缩机的电路是否断路。如果测量供电电源及接地线无故障，检测 CAN 通信电路是否正常。奇瑞艾瑞泽 7 PHEV 网络拓扑图如图 2-23 所示，可以看出电动压缩机通信网络在动力网网络，在检修时用万用表测量 CAN-H 线和 CAN-L 线对地的电压，正常电压：CAN-H 线为 2.5~3.5V、CAN-L 线为 1.5~2.5V。

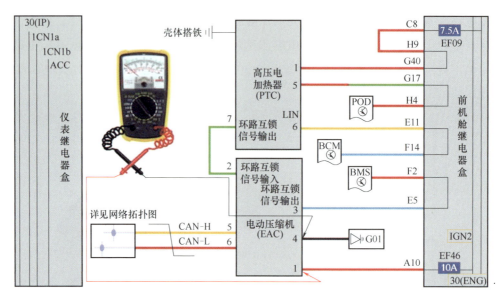

图 2-22　启动失败故障低压电路诊断第一步

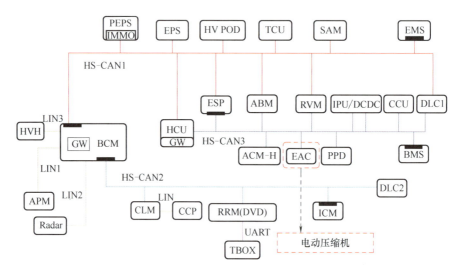

图 2-23　奇瑞艾瑞泽 7 PHEV 网络拓扑图

如果电动压缩机低压线束电压正常，CAN 通信正常，电动压缩机启动失败，可以通过电动压缩机高压插接件不解体进行诊断与检测。如图 2-24 所示，使用万用表二极管档位，红表笔测量高压插座端正极，黑表笔测量负极（正侧），应该显示无穷大。

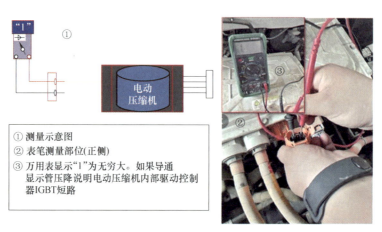

① 测量示意图
② 表笔测量部位(正侧)
③ 万用表显示"1"为无穷大。如果导通显示管压降说明电动压缩机内部驱动控制器IGBT短路

图 2-24　二极管档位正侧高压线束

如图 2-25 所示，二极管档位反侧测量高压线束插座，黑表笔测量正极侧，红表笔测量负极侧（反侧），万用表显示电压降，数据在 600~800mV 之间。

① 测量示意图
② 红表笔测量高压插座负极(反侧)，黑表笔测量高压插座正极(正侧)
③ 万用表显示数据在600~800mV之间，如果显示无穷大"1"，说明电动压缩机内部驱动控制器里面3个上端或下端IGBT断路，需更换电动压缩机

图 2-25   二极管档位反侧高压线束

阻值测量确认方法为验证方法，不能作为故障判断技巧，无论正侧还是反侧所测电阻值在 kΩ 级别即可。图 2-26 所示为正侧测量高压插座端电阻值。

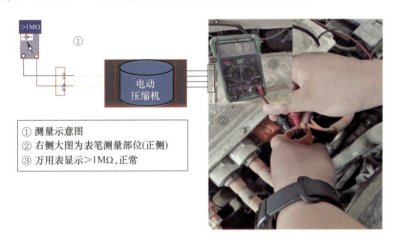

① 测量示意图
② 右侧大图为表笔测量部位(正侧)
③ 万用表显示>1MΩ，正常

图 2-26   正侧测量高压插座端电阻值

图 2-27 所示为反侧测量高压插座端电阻值，通常电阻值在 200kΩ 以上，但是不能作为故障判断依据，实测数据在 6MΩ 以上为正常值。

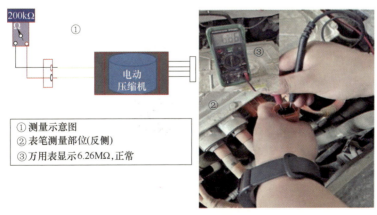

① 测量示意图
② 表笔测量部位(反侧)
③ 万用表显示6.26MΩ，正常

图 2-27   反侧测量高压插座端电阻值

若开启空调后，电动压缩机发出"咔咔"声音，但是电动压缩机转不起来，读取系统故障码，报"启动失败或内部电流过大"。首先确认系统静态压力和动态压力（如果压力异常需要检查冷却风扇工作状态），如果冷却风扇运转正常，电动压缩机转不起来，此时需要检查电动压缩机的电流是否过大，如果电流过大需要更换电动压缩机。

电动压缩机在工作时高压侧压力为 $10\sim18kg/cm^2$，低压侧压力为 $1.0\sim3.0kg/cm^2$，如图 2-28 所示。（$1kg/cm^2=0.1MPa$）

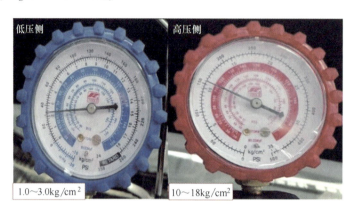

图 2-28　电动压缩机工作时低/高压侧压力

（2）间歇性不制冷类故障　首先要确认系统是否出现了功能性保护，确认系统静态、动态压力（如果压力异常，需要确认冷却风扇工作状态以及冷凝器散热情况），在不制冷前对应的功率、IPM 温度、压力以及转速是否存在异常。如果系统没有存在保护状态，但是在不制冷时（确认制冷前的制冷条件是否满足），电动压缩机内部 IPM 温度以及转速若存在异常，需要更换电动压缩机总成。

（3）异响类故障　在电动压缩机工作时产生"咕噜"的响声时，确认电动压缩机内部冷冻油是否污染。若污染，则需要更换全部制冷系统套件；如果无污染，检查电动压缩机固定螺栓是否松动，制冷剂管路是否与其他部件摩擦导致异响。

（4）泄漏类故障　泄漏类故障是制冷管路或电动压缩机泄漏导致制冷系统无制冷压力，进而导致车辆无法制冷，其检修方法和传统燃油车型相同，在这里不再赘述。

（5）绝缘（漏电）类故障　电动压缩机漏电后车辆无法上电，如果在行驶中出现漏电将会导致车辆异常下电。检修方法可以参照本书相关内容，下面主要介绍使用绝缘数字兆欧表检测电动压缩机的绝缘性能。图 2-29 所示为测量电动压缩机绝缘电阻值，正常绝缘电阻值应大于 $10M\Omega$。测量方法：将高压直流母线正、负极短接，将低压线束连接在一起，并接在压缩机壳体上，使用数字兆欧表给高压电缆和电动压缩机壳之间施加 DC 500V 的电压，持续 1min，等待数字兆欧表的数据稳定后，查看其绝缘电阻值。

如果使用绝缘耐压测试仪做绝

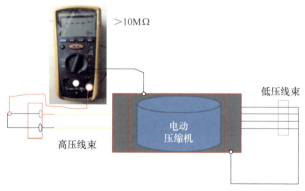

图 2-29　测量电动压缩机绝缘电阻值

缘耐压测试，测试方法是将高压直流母线正、负极短接，将低压线束连接在一起，并接在压缩机壳体上，使用绝缘耐压测试仪给高压电缆和电动压缩机壳之间施加 AC 2200V（50~60Hz）的电压，持续 1min，测试其电流数据。正常漏电电流数据应小于 5mA。图 2-30 所示为使用绝缘耐压测试仪测试漏电电流。

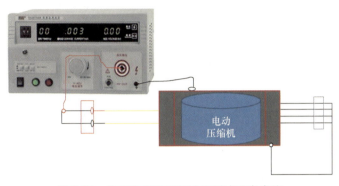

图 2-30　使用绝缘耐压测试仪测试漏电电流

 **情智链接**

在汽车的发展中，随着新能源汽车的飞速发展，压缩机技术也应与时俱进。在科研人员的努力下，电动压缩机技术应运而生，科研人员的工匠精神、创新精神和科研精神值得大家学习，在学习中学生应树立和发扬这些精神。

➤ 引导问题 6：（　　　　）和（　　　　　）都是换热器。

➤ 引导问题 7：冷凝器与蒸发器有什么异同点？

_____

_____

_____

_____

 **知识链接**

1. 冷凝器

汽车空调冷凝器的作用是把压缩机排出的高温、高压制冷剂气体的热量，通过其管壁和翅片散发到车外空气中，从而使高温、高压的制冷剂气体冷凝成较高温度的高压液体。气态制冷剂在冷凝器中会被液化或冷凝，当其进入冷凝器时几乎都为蒸气，而离开冷凝器时并不是全部为液体，会有少量的制冷剂以气态的方式离开冷凝器，但由于这些制冷剂将进入储液干燥器，因此并不影响系统的运行。冷凝器属于风冷式，且受空间、尺寸、重量、结构等多方面因素的限制，一般要求冷凝器有高的换热效率、质量小、抗震性能好、冷凝空气阻力小、耐腐蚀性好。

冷凝器的作用
与结构形式

汽车空调冷凝器有管片式、管带式和平流式 3 种结构形式。

（1）管片式冷凝器　图 2-31 所示为管片式冷凝器。它是汽车空调中早期采用的一种冷凝器，制造工艺简单，即用胀管法将铝翅片胀紧在铜管上，管的端部用 U 形弯头焊接起来。这种冷凝器清理焊接氧化皮比较麻烦，而且其散热效率低。

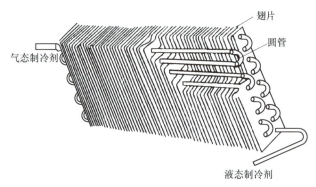

图 2-31　管片式冷凝器

（2）管带式冷凝器　图 2-32 所示为管带式冷凝器，一般是将扁平管弯成 S 形，在其中安置散热带，然后进入真空加热炉，将管带间焊好。这种冷凝器的传热效率比管片式冷凝器提高了 15%~20%。

（3）平流式冷凝器　图 2-33b 所示的平流式冷凝器是一种管带式冷凝器，由圆筒节流管、铝制内肋管、波形散热翅片以及连接管组成，是专为 R134a 提供的新型冷凝器。这种冷凝器的散热性能较管带式冷凝器提高了 30%~40%，通径阻力降低了 25%~33%，大幅度地提

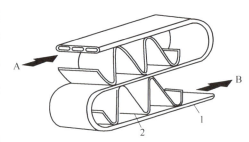

图 2-32　管带式冷凝器

1—多孔扁管　2—S 形散热片

A—气态制冷剂　B—液态制冷剂

高了换热性能。

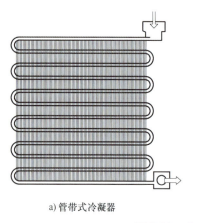

a) 管带式冷凝器

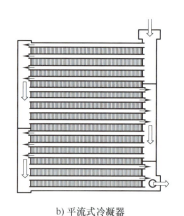

b) 平流式冷凝器

图 2-33　冷凝器的形式

蒸发器的作用与结构类型

2. 蒸发器

蒸发器也称为冷却器，是制冷循环中获得冷气的直接器件。其作用与冷凝器相反，即使经过节流降压后的液态制冷剂在其内部沸腾汽化，吸收蒸发器表面周围的空气的热量而降温。其外形近似冷凝器，但比冷凝器窄、小、厚，安装在驾驶室仪表板后的风箱内，靠鼓风机使车外空气或者车内空气流经蒸发器，以便冷却和除湿。

由于汽车上安放蒸发器的空间位置有限，要求蒸发器具有制冷效率高、尺寸小、重量轻等特点。由于其尺寸紧凑，它的管片距离比较小，结露后容易形成水桥而影响热交换，因而防结露或防止形成水桥在车用空调蒸发器中尤为重要。

汽车空调蒸发器一般有管片式、管带式和层叠式 3 种结构。

（1）管片式蒸发器　图 2-34a 所示为管片式蒸发器，由铜质或铝质圆管或扁管套上的铝翅片组成，经胀管工艺使铝翅片与圆管紧密接触。这种蒸发器的结构简单、加工简单，但其传热效率较差。

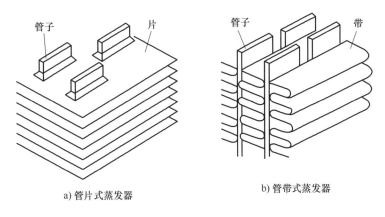

a) 管片式蒸发器　　　　b) 管带式蒸发器

图 2-34　管片式与管带式蒸发器

（2）管带式蒸发器　管带式蒸发器由多孔扁管与蛇形散热铝带焊接而成，如图 2-34b 所示，其工艺比管片式蒸发器复杂，需采用双面复合铝材及多孔扁管材料。这种蒸发器的传热效率比管片式蒸发器提高了 10% 左右。

（3）层叠式蒸发器　图 2-35 所示为层叠式蒸发器。层叠式蒸发器由两片冲成复杂形状的铝铁板叠在一起组成制冷剂通道，每两片通道之间夹有蛇形散热铝带。这种蒸发器需要双面复合铝材，而且焊接要求高，因此加工难度大，但其换热效率最高，结构紧凑。采用 R134a 制冷剂的汽车空调多应用此种层叠式蒸发器。

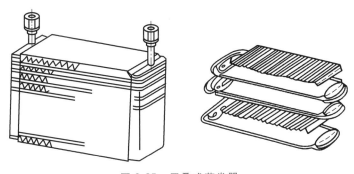

图 2-35　层叠式蒸发器

情智链接

冷凝器和蒸发器都是换热器，能量是守恒的，没有凭空产生的能量。吃苦耐劳、实事求是的中国传统，不劳而获是不可取的，我们应脚踏实地的完成每一件事情，在学习中更应树立和发扬这些精神。

➤ 引导问题 8：

图 2-36 所示，分别为＿＿＿＿＿＿＿＿＿＿＿＿＿＿、＿＿＿＿＿＿＿＿＿＿＿＿、＿＿＿
＿＿＿＿＿＿＿＿＿类型的膨胀阀。

图 2-36　膨胀阀

> 引导问题 9：节流阀与膨胀管的作用均为节流，其有什么区别？分别用在什么场合？

_____

_____

> 引导问题 10：集液器与储液干燥器的区别是什么？

_____

_____

> 引导问题 11：制冷系统的连接部件有哪些类型？分别用在制冷系统的哪些部位？

_____

_____

> 引导问题 12：开启空调开关后，从视液镜看到出现气泡并在 3~5min 内消失，则制冷剂量是（　　　）。

A. 过多的　　　　　　B. 过少的　　　　　　C. 合适的　　　　　　D. 以上都不对

> 引导问题 13：制冷系统高压侧工作压力偏低、低压侧工作压力偏高，可能的原因是（　　　）。

A. 制冷剂过多　　　B. 压缩机工作不良　　　C. 散热不良　　　D. 制冷剂过少

> 引导问题 14：空调运行后，储液干燥器外壳有一层白霜，说明（　　　）。

A. 制冷剂过量　　　B. 干燥器脏堵　　　C. 制冷剂泄漏　　　D. 干燥器老化

> 引导问题 15：简述膨胀阀与节流管式制冷系统的区别是什么。

_____

_____

 知识链接

1. 膨胀阀

大多数汽车空调制冷系统在运行过程中，其冷负荷是变化的。例如系统刚开始降温时，车内的温度较高，就要求将蒸发器温度升高，使进入蒸发器的制冷剂流量增大；而当车内温度较低时，负荷需求量减小，蒸发器温度就相应地降低，使进入蒸发器的制冷剂流量减小。因此，需要使用膨胀阀根据系统冷负荷需求量的变化自动调节其流量，使制冷系统能正常工作。采用膨胀阀的制冷系统，需要在冷凝器出口和膨胀阀之间配置储液干燥器。

膨胀阀一般有以下 3 个作用：

1）节流降压。膨胀阀能够使从冷凝器来的高温高压液态制冷剂节流降压成为容易蒸发的低温低压雾状制冷剂进入蒸发器，将制冷剂分成高压侧和低压侧，但工质的液体状态没有变化。

2）自动调节制冷剂流量。膨胀阀能自动调节进入蒸发器的流量，以满足制冷循环的要求。

3）控制制冷剂流量，防止液击和异常过热现象发生。

（1）热力膨胀阀　热力膨胀阀也称为感温式膨胀阀，根据平衡方式的不同分为内平衡式和外平衡式两种，如图 2-37 所示。外平衡式热力膨胀阀膜片下面的平衡力是通过外接管从蒸发器出口处引来的压力；内平衡式热力膨胀阀膜片下面的制冷剂压力是从阀体内部通道传递来的膨胀阀孔的出口压力。

a) 外平衡式热力膨胀阀　　　　b) 内平衡式热力膨胀阀

图 2-37　热力膨胀阀

图 2-38 所示为内平衡式热力膨胀阀，感温包内装有惰性液体或制冷剂液体。当蒸发器出口温度较高时，感温包内液体温度随之上升，从而使压力增大。高压作用在膜片上侧，当数值大于蒸发器进入压力和过热弹簧压力的总和时，针阀离开阀座，阀门开启，制冷剂流入蒸发器。针阀开启后，较多的制冷剂进入蒸发器，蒸发器内压力上升，回气温度降低，膜片下侧压力增大、上侧压力减小，阀门关闭。由于膜片上、下侧压力经常处于不平衡状态，所以阀门不断地开启与闭合。

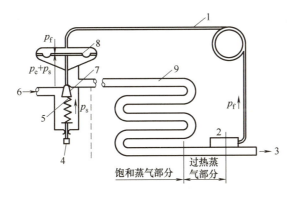

图 2-38　内平衡式热力膨胀阀

1—毛细管　2—感温包　3—制冷剂出口　4—调整螺钉　5—弹簧　6—制冷剂入口

7—针阀　8—膜片　9—蒸发器

p_f—感温包内制冷剂气体对膜片的压力　p_s—弹簧的弹力

p_e—蒸发器进口处制冷剂压力（通过内平衡孔连通）

内平衡式膨胀阀只适用于对制冷量要求不大的轿车及货车驾驶室空调，而大型客车空调则要用外平衡式膨胀阀，如图2-39所示。在内平衡式膨胀阀的基础上，堵住内平衡孔，在膜片下方至蒸发器出口处加一根外平衡管，即形成了外平衡式膨胀阀。

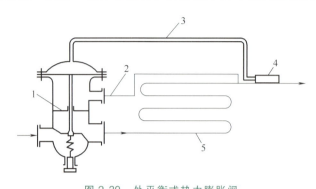

图 2-39　外平衡式热力膨胀阀

1—隔板　2—外平衡管　3—毛细管　4—感温包　5—蒸发器

H 形膨胀阀的
结构与原理

（2）H 形膨胀阀　H 形膨胀阀是一种整体型膨胀阀，它取消了外平衡式膨胀阀的外平衡管和感温包，直接与蒸发器的出口相连。H 形膨胀阀因其内部通路形状如 H 而得名，如图 2-40 所示。它设有低压与高压两个通道和 4 个管路接头。上面一个通道为低压通道，下面一个通道为高压通道。低压通道的入口接头经制冷管路与蒸发器出口连接，出口接头经制冷管路与压缩机入口连接；高压通道的入口接头经制冷管路与储液干燥器连接，出口接头经制冷管路与蒸发器入口连接。温度传感器安装在制冷剂从蒸发器至压缩机的气流中。制冷剂温度变化，传感器膨胀或收缩，直接推动阀门。H 形膨胀阀的结构保证了低压侧压力直接作用在膜片下方。

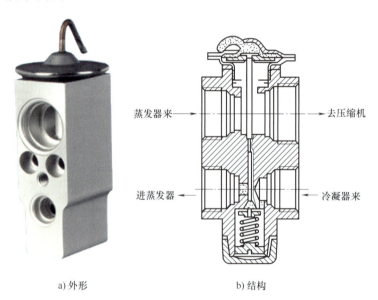

蒸发器来　　　　　　　去压缩机

进蒸发器　　　　　　　冷凝器来

a) 外形　　　　　　　　b) 结构

图 2-40　H 形膨胀阀

H 形膨胀阀安装在蒸发器的进、出液管之间，阀上端直接暴露在蒸发器出口工质中，感应温度不受环境影响，也不需要通过毛细管造成时间滞后，提高了调节灵敏度。由于该膨胀阀无感温包、毛细管和外平衡接管，可消除因汽车颠簸、振动导致的充注系统断裂外露及感温包包扎松动而影响膨胀阀的正常工作，提高了膨胀阀的抗震性能。

（3）膨胀阀式制冷系统　膨胀阀式制冷系统是最为常见的非独立式汽车空调系统，主要由压缩机、冷凝器、储液干燥器、膨胀阀、蒸发器、连接管路等组成，如图 2-41 所示。

（4）膨胀阀常见的故障现象

1）膨胀阀的开度过大，制冷系统中的高、低压侧压力均高，低压侧管路有结霜或大量的露水，并伴随着蒸发器表面结霜、制冷效率明显下降等现象。

2）膨胀阀的开度过小，会出现制冷剂高压侧压力高、低压侧压力低、制冷效率不足等现象。

3）膨胀阀入口滤网堵塞。

4）膨胀阀的针阀与阀口产生卡滞或阀口脏塞。

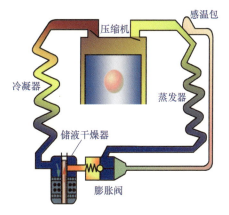

图 2-41　膨胀阀式制冷系统

5）当很多的冰粒凝结在节流部位时，就堵塞了节流通道，形成膨胀阀冰堵。

6）热力膨胀阀的感温包或毛细管破裂、失效。

（5）膨胀阀的检修方法　测定膨胀阀的性能有两种方法：一是在汽车空调系统中测定；二是为避免各种压力保护开关及调节阀对测量工作产生影响而将膨胀阀从车上拆下，在台架上测定。

膨胀阀的拆卸
与检修

1）在汽车上测定膨胀阀的性能。

① 将歧管压力表组件与空调系统相连，起动发动机，将转速调至 1000～1200r/min，空调温控器（或拨杆）调至最冷（MAX）位置，让空调系统运行 10～15min。

② 查看低压侧压力表读数，如果读数偏低，在膨胀阀周围包上约 51℃ 的抹布，继续观察低压表读数。

③ 若低压压力能上升至正常值或接近正常值，则说明系统内有水汽，应设法消除（更换储液干燥器，并用较长时间抽真空，再充注制冷剂，重新检测系统）。

④ 若低压压力未升高，则从蒸发器出口处小心地卸下膨胀阀感温包，将感温包握在手中，观察低压表读数。

⑤ 若压力仍偏低，则说明膨胀阀有问题，应将其卸下，在台架上进行检查。

⑥ 按上述第②条查看低压表读数时，若低压读数偏高，则从蒸发器出口处小心地卸下膨胀阀感温包，将其放入冰水中（在冰水中加些盐，使其温度降至 0℃）。

⑦ 若低压压力降至或接近正常值，则可能是感温包隔热包扎不严或安放位置不对，对其重新定位并包扎后再进行测定。

⑧ 若低压压力仍然偏高，则应卸下膨胀阀，移到台架上进行检查。

⑨ 测试结束后，应关闭所有空调控制器，降低发动机转速，直至关机，取下压力表组。

2）在台架上校验膨胀阀的性能。

① 将膨胀阀从制冷系统中取下来，如果过滤网（若有过滤网）上有污物，要取下清洗干净。

② 按图 2-42 所示的连接方式将歧管压力表组件与储液干燥器、膨胀阀连接好，软管与低压表之间接一个带开关的过渡接头。

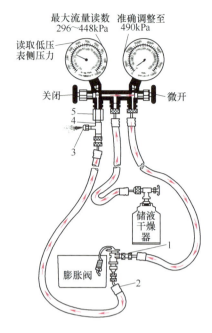

图 2-42　检测膨胀阀的性能

1—入口　2—出口　3—过渡接头（上钻 $\phi0.23mm$ 孔）　4—三通　5—1/4in 接头

③ 关闭压力表的手动阀门。

④ 在过渡接头上钻一个小孔，小孔直径为 $\phi0.23mm$，将其开关拧松，以降低通过进气管的压力。

⑤ 开启高压手动阀门，将高压侧压力调整到 490kPa 左右。

⑥ 将感温包浸入水中，使水温变化，在读低压表读数的同时测量水温。

⑦ 对照图 2-43，比较测得的温度与压力交点是否落在阴影区内。若交点不在阴影区内，则说明需要更换膨胀阀。

3）膨胀阀的清洗与调节。如果膨胀阀未能通过上面的一项或两项检测，那么可以清洗阀门。清洗阀门的具体操作步骤如下：

① 卸下膜盒、毛细管、感温包总成（如果可以卸掉）。

② 卸下过热度调整螺钉，记住拧下的圈数。

③ 卸下过热度弹簧及阀座，卸下阀及推杆。

④ 用干净的无水酒精清洗全部零件，擦净并吹干。

⑤ 按与卸下相反的顺序重装这些零件，按原拧下的圈数装上过热度调整螺钉。

⑥ 按上述检验膨胀阀流量的方法检查最大流量和最小流量。

⑦ 若不符合要求，则调节过热度弹簧。

⑧ 若反复调整均无效，则更换新阀。

2. 膨胀管

（1）膨胀管的作用与结构　膨胀管是用于许多轿车制冷系统的一种固定孔口的节流装

图 2-43　膨胀阀特性

膨胀管的结构与控制机理

置，也称为孔管、固定孔管，直接安装在冷凝器出口和蒸发器进口之间，用于将液态制冷剂节流降压。如果不能调节流量，液态制冷剂很可能流出蒸发器而进入压缩机，造成压缩机液击，所以装有膨胀管的系统必须在蒸发器出口和压缩机入口之间安装一个集液器，实行气、液分离，以避免压缩机出现液击现象。

膨胀管的结构如图 2-44 所示，它是一根细铜管，装在一根塑料套管内，塑料套管外形槽内装有密封圈。塑料套管连同膨胀管都插入了蒸发器进口管中，密封圈用来密封塑料套管外径和蒸发器进口管内径间的配合间隙。膨胀管不能维修，损坏时需整体更换。

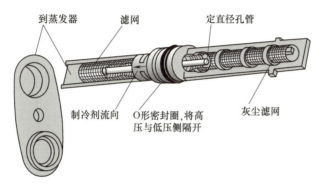

图 2-44 膨胀管

由于膨胀管没有运动部件，结构简单、成本低、可靠性高，同时节省能耗，很多高级轿车都采用这种节流装置。

膨胀管式制冷系统如图 2-45 所示，其与膨胀阀式制冷系统无本质的差别，只不过将可调节节流的膨胀阀换成不可调节的流量的膨胀管，使其结构更加简单，如图 2-46 所示。

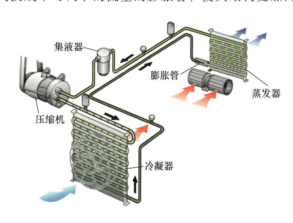

图 2-45 膨胀管式制冷系统

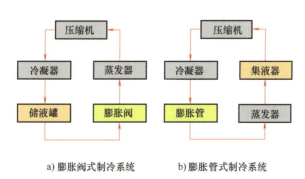

a) 膨胀阀式制冷系统　　b) 膨胀管式制冷系统

图 2-46 膨胀阀式制冷系统与膨胀管式制冷系统的区别

节流管可代替膨胀阀，用于 CCOT 系统的节流机构。各种汽车的节流尺寸不完全相同。某些型号汽车在液管（制冷剂高压侧管路）上装有不能进入制冷剂通道的节流管。节流管在冷凝器入口和蒸发器出口间的具体位置由液体管路金属部分上的一个圆形的凹陷或 3 个凹状切口来确定。

节流管的主要故障是堵塞，一旦发生堵塞，一般只能更换，而且同时需要更换集液器。拆装节流管需要专门工具。在拆卸之前，应先判断故障，对其进行检测。

（2）节流管的检测方法

1）将歧管压力计与制冷系统连接，发动机转速调至 1000~1200r/min，将空调控制器调至最冷（MAX）位置，让空调系统运行 10~15min。

2）查看低压表读数。若系统无其他问题且制冷剂量合适，而低压表读数偏低，则说明节流管可能堵塞。

3）将低压开关断路。

4）在节流管周围包上约 52℃ 的温湿布。

5）若低压表读数上升至正常值或接近正常值，则说明系统内有水汽，节流管正常，应更换集液器。

6）若低压表读数仍偏低，甚至出现真空，则说明节流管有脏堵，应更换节流管。

（3）节流管的更换方法　节流管有两种类型：一种是可接近的节流管，另一种是不可接近的节流管。它可安装在冷凝器和蒸发器之间的任何位置上，它的精确安装位置由液相管的金属部分上的一个圆形凹陷或者 3 道刻槽来确定。在对节流管进行拆装之前，必须排空空调系统中的制冷剂。

可接近的节流管拆装：

1）用冷媒回收与充注机将系统中的制冷剂回收。

2）把蒸发器进口管路拆下（此时节流管露出），把进液管中的碎片、污物清理干净。

3）倒一点冷冻机油到节流管的密封部分。

4）将拆卸工具（如图 2-47 所示，T 形套筒中加一个开槽的圆管）上的槽对准节流管上的柄脚（凸起）并插入。

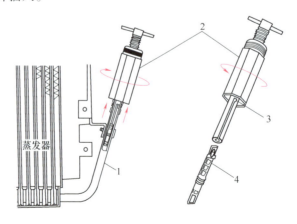

图 2-47　节流管的拆卸工具

1—蒸发器进液管　2—节流管拆卸工具　3—切口　4—节流管

5）转动 T 形手柄，使开口圆管夹住节流管。

6）握住 T 形手柄（千万别转动），顺时针转动外面的细长形六角套筒，这样节流管就会被拉出。

如果节流管破碎，用一般工具较难取出。此时，应用图 2-48 所示的专用工具将其取出，用法如下：

1）将蒸发器进液管中的所有碎片（节流管的）清除出去，在进液管中加几滴冷冻机油。

2）将专用工具的螺纹锥伸到坏节流管的铜质孔中，用手转动 T 形螺杆，直到确信已接触到节流管。

3）转动工具的外壳，直到坏节流管被拉出。

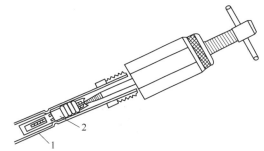

图 2-48　取破碎节流管的专用工具

1—蒸发器进液管　2—破碎节流管

4）若拉出的仅是节流管中的铜管，其塑料套管仍留在蒸发器进液管中，则应将拉出的铜管卸掉，再把工具插入塑料管中，将塑料管拉出。

3. 储液干燥器

（1）储液干燥器的作用与组成　由于汽车空调正常工作时，制冷剂的供应量大于蒸发器的需要量，所以高压侧液态制冷剂会有一定的储存量。随着季节的变化，在系统不运行或检修、更换系统内的零件时，可将系统中的制冷剂回收到高压侧进行储存，以免制冷剂泄漏。因此，在汽车空调系统中需要设置储液干燥器。储液干燥器的作用如下：

1）储存制冷剂。储液干燥器可以暂时存储一部分制冷剂，使气、液分离；它还可以作为储液罐使用，即接收冷凝器流出的液态制冷剂并一直将其保留到蒸发器需要排除时为止。

2）过滤水分、杂质。储液干燥器中配有干燥剂，一般为硅胶形状，可以吸收汽车空调系统的水分，这点对汽车空调十分重要，因为水分可能在系统中结冰，堵塞制冷剂的循环通道，造成故障。如果制冷剂中有杂质，可能造成系统堵塞，使系统不能制冷。

3）防止气态制冷剂进入蒸发器。由冷凝器出口进入储液干燥器的制冷剂并不是全部为液体，尤其是在大气温度较高、冷凝器散热困难时，气态制冷剂进入储液干燥器的比例会很大。进入蒸发器的气态制冷剂由于没有经过形态变化，所以不能吸热，从而会影响制冷效果。

4）提供缓冲空间。储液干燥器提供了系统内部液态制冷剂的缓冲空间，能及时调整和补充供给恒温膨胀阀液态制冷剂的流量，以保证系统内部制冷剂流动的连续性和稳定性。

5）部分储液干燥器上部出口端装有一个玻璃视液镜，用于观察制冷剂在工作时的流动状态，由此可判断制冷剂是否合适。

6）有些车型的储液干燥器上装有压力开关，可在系统压力不正常时中止压缩机的工作。

7）有些储液干燥器上装有维修阀，供维修制冷系统安装歧管压力表和加注制冷剂。

储液干燥器如图 2-49 所示，由储液干燥器罐体、过滤网、干燥剂、输液管和观察窗玻璃（有些空调具备）等构成。

储液干燥器罐体的容量约为系统工质体积的 1/3，罐体有刚制和铝制两种。干燥剂是一种能从气体、液体或固体中去除潮气的固体物质，如硅胶、分子筛等。制冷系统中没有处理干净的微量碎屑、尘土、制冷剂中的脏物及制冷剂对系统部件内壁发生侵蚀而脱落的杂质，如果积聚在膨胀阀或节流管内，将阻碍制冷剂的流通。因此，管路中必须安装过滤器，并需要经常清洗过滤网。

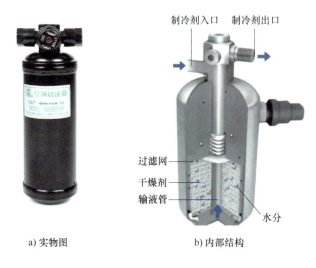

储液干燥器的
安装与维护

a) 实物图　　　　　b) 内部结构

图 2-49　储液干燥器

（2）储液干燥器的安装和维护

1）储液干燥器的安装。储液干燥器通常装在汽车散热器前面，也有的装在蒸发器附近。总之，应把其安装在风凉的位置处。安装立式储液干燥器时，其与立面的倾斜角度不得大于 15°，进口应和冷凝器出口相连通。储液干燥器进口处通常打有标记，安装时一定要记住，制冷剂是从干燥器下部流入膨胀阀进口的，若接反了储液干燥器会导致制冷量不足。干燥器是接入系统的最后一个部件，应防止湿气进入系统和干燥器。

2）储液干燥器的维护。储液干燥器内的干燥剂失效时，湿气会集聚在膨胀阀孔口，结成冰块，系统发生堵塞，必须更换。若出液口残破，液体管路内会发生不正常的气体发闪，应更换旧储液干燥器。排湿时，必须彻底抽真空，要选用可靠的真空泵。为了防止杂质在系统内循环，膨胀阀进口、压缩机进口和储液干燥器内部均装有过滤网，若过滤网堵塞，必须更换储液干燥器。

（3）储液干燥器的检测　储液干燥器的常见故障是滤芯被脏物堵塞或吸水饱和，从而导致制冷剂流通不畅，造成制冷系统制冷不足或不制冷。判断储液干燥器的故障，需进行储液干燥器的检测。

1）用手触摸储液干燥器进、出液管路，并观察视窗。如果进液口很烫，而且出液管接近大气温度，从视窗中看不到或很少有制冷剂流过，或者制冷剂很浑浊，则可能是储液干燥器中的滤网堵了或干燥剂散了并堵住了储液干燥器的出口。

2）检查易熔塞是否熔化，各接头处是否有油污。

3）检测视窗是否有裂纹，周围是否有油污。

（4）储液干燥器的拆卸与安装　储液干燥器一般安装在冷凝器旁或者其他通风好、散热好、远离热源的地方。安装时要尽量直立安装，倾斜角度不要大于15°。如果倾斜角度过大，液态与气态制冷剂就不能完全分离。特别需要注意的是，在空调系统的安装与维修中，储液干燥器必须最后一个被接到系统中，以防止空气进入干燥器，因为空气中的水分及其他不可冷凝的杂质等可能会腐蚀金属，致使小的金属粒子剥落下来造成系统堵塞。安装前，一定要先确定储液干燥器的进液口端和出液口端，否则容易装错。一般在其进、出液口端做有标记，如进液口端标有"IN"（此端应与冷凝器出口相接），出液口端标有"OUT"，或者直接打上箭头。

4. 集液器

集液器也称为积累器，用于膨胀管式制冷系统。它安装在蒸发器出液口处低压测的管路中。由于膨胀管无法调节制冷剂流量，因此从蒸发器出来的制冷剂不一定全部是气体，可能是液体。为防止液态制冷剂液击而导致压缩机损坏，常在蒸发器出口处安装一个集液器，一方面将制冷剂进行气液分离，另一方面起到与储液干燥器相同的作用，其结构如图2-50所示。制冷剂进入集液器后，液体部分沉积在集液器底部，气体部分从上面的管路出去进入压缩机。在容器底部，出液管弯处装有小孔的过滤器，允许少量的积存在弯管处的冷冻机油返回压缩机。但液体制冷剂不通过，因而要采用特殊过滤材料。

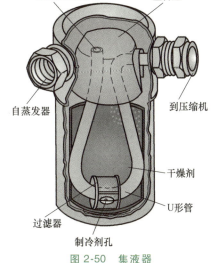

储液干燥器与集液器的结构与工作机理

图中标注：气态制冷剂进气口　塑料盖　自蒸发器　到压缩机　干燥剂　U形管　过滤器　制冷剂孔

图 2-50　集液器

集液器与储液干燥器的区别：

1）集液器安装在制冷系统的低压区，储液干燥器安装在制冷系统的高压区。

2）集液器和储液干燥器储存的都是液态制冷剂，但集液器储存的制冷剂在低压区缓慢地自然蒸发，离开集液器的只有气态制冷剂，因而起到了气液分离的作用；储液干燥器留下的是多余的液态制冷剂，用以调节运行需要的量。

3）集液器中主要是气体，所以要求容积比较大，因而储液器尺寸一般比较大，而储液干燥器的尺寸一般比较小。

5. 制冷系统的连接部件

汽车制冷系统的连接部件主要是连接蒸发器、冷凝器和压缩机的管路组件，通常分为软管和硬管两大类。软管有金属软管（波纹管）、橡胶软管和塑性软管，通常硬管和金属软管必须配合使用，硬管较多使用铝管或铜管，金属软管多为不锈钢波纹管，如图2-51所示。

硬管和金属软管通常是在制冷系统管路走向固定的情况下使用，橡胶软管或热塑性软管安装方便，走向不受限制，在中小型客车制冷系统连接管路中被广泛采用。

（1）连接软管　由于汽车空调的各部件一般分散安装在汽车的各个部位，例如压缩机和发动机连成一体，冷凝器和干燥器安装在车架前端，而蒸发器安装在车身内，这三部分

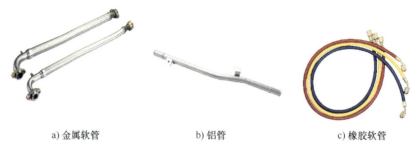

a) 金属软管　　　　b) 铝管　　　　c) 橡胶软管

图 2-51　汽车空调连接部件

的悬置体不同。当汽车在颠簸的道路上高速行驶时，这些部件以各自的振动频率和振幅按照不同的方向移动，因此制冷系统不能全部用刚性金属管连接，必须在两端或中间用柔性橡胶管连接。因此，橡胶软管是汽车空调区别于其他空调的一种特殊部件。

（2）管路接头　制冷部件之间通过接管和软管相连，连接方法有两种：一种是压接式，接管由外套和芯管两部分组成，软管套入外套和芯管的夹层中，然后将外套铆接在软管上；另一种是卡箍式，接管接入软管后，用卡箍加紧，适用于维修及非批量配套产品。不论哪种方法，接管插入端都有几条倒钩形涨环，确保与软管内壁可靠连接。新型的软管卡箍有定位钩，以保证轴向定位长度。

（3）充注接口　汽车空调系统的高、低压端都设有充注接口，一般都带有阀门结构，目的是既便于充注制冷剂，又能防止制冷剂泄漏。

🚗 情智链接

膨胀阀式制冷系统与节流管式制冷系统的组成部件有一定的区别，但是完成的都是制冷功能。完成一项任务的方法很多，我们应端正学习态度，时刻保持积极、严谨、认真、探究的学习态度，提升学习动力，让学习融入生活，体会学习的乐趣。

（二）任务计划与实施

➤ 引导问题 16：以下是压缩机总成的拆卸步骤，请在下列步骤的前面标注出正确的序号。

☐ 拔下电磁离合器线束插头。

☐ 拆下压缩机传动带。

☐ 拆卸压缩机上的高、低压软管，封闭管口防止异物进入。

☐ 将整车举升到适当的高度，旋出压缩机紧固螺栓，从压缩机支架上取下空调压缩机。

➤ 引导问题 17：以下是压缩机总成的安装步骤，请在下列步骤的前面标注出正确的序号。

☐ 更换高、低压软管的密封圈。

☐ 根据情况补充制冷剂。

☐ 使离合器多楔带轮、发动机带轮的带槽处在同一平面内。

☐ 用扭力扳手以规定的力矩拧紧紧固螺栓。

➤ 引导问题 18：以下是压缩机传动带的拆卸步骤，请在下列步骤的前面标注出正确的序号。

□ 用内六角扳手旋松空调压缩机下方的两个连接螺栓。

□ 沿顺时针方向旋转传动带张紧调节螺栓直至传动带放松。

□ 用套筒扳手将传动带由带轮上向汽车前进方向脱出。若更换传动带，则应拆卸发动机前悬置；若仅拆卸空调压缩机，可不拆卸发动机前悬置。

➤ 引导问题19：以下是压缩机传动带的安装步骤，请在下列步骤的前面标注出正确的序号。

□ 用扭力扳手将空调压缩机下方两个连接螺栓拧紧，紧固力矩为 40N·m。

□ 将传动带套在带轮上（注意运转方向）。

□ 用套筒扳手沿逆时针方向旋转调节螺栓，直至传动带张紧。用拇指按压传动带中部，变形量应为 5~10mm。

小提示

1. 在拆装汽车空调压缩机传动带之前，必须做好运转的记号；在拆装过程中，不必打开制冷剂循环，可以直接拆卸和安装压缩机支架及所属零部件；在安装压缩机传动带时，必须将传动带上的筋条完全卡进带轮的楔槽内。

2. 在日常工作过程中，应正确选用并使用工具，按照维修手册要求进行检测与维修，养成严肃认真，精益求精的工作态度。

压缩机的拆卸

任务技能点1：　汽车空调压缩机的分解

1. 准备工作

防护：
工作服，劳保鞋

设备及零部件：
实车，压缩机总成

准备

工具：
十字螺钉旋具，一字螺钉旋具等

辅料：
三件套，翼子板布，无纺布

2. 分解步骤与说明

（1）压缩机的拆卸

1）铺设散热器格栅罩、翼子板保护罩、座椅护面、地板垫、转向盘罩及变速杆罩等物品。

2）关闭汽车发动机，操作空调制冷剂的回收程序，回收制冷剂。断开蓄电池负极电缆，并做好绝缘处理，如图 2-52 所示。

3）拆卸空调压缩机上高、低压管，并封闭管口，避免异物进入，将电磁离合器线束插头拔下，如图 2-53 所示。

6）将压缩机传送带拆下。

7）拆卸压缩机。先拆卸压缩机上部固定螺栓（图 2-55），再将整车举升到适当高度，将压缩机下部紧固螺栓旋出，将压缩机从支架上取下（图 2-56）。

图 2-52　绝缘处理

图 2-53　封闭管口

图 2-54　拆下压缩机传送带

图 2-55　拆卸固定螺栓

图 2-56　取下压缩机

拆卸注意事项：

1）4 个支角必须调整在同一平面。

2）举升到一定高度后停止，前后摇晃汽车看是否平稳，再继续举升。

3）在举升机下，佩戴安全帽。

4）复装与拆卸顺序相反。

5）安装压缩机时，检查无泄漏后再加注制冷剂。

（2）压缩机的分解　将压缩机进行分解的原则是先外后内，零件拆下后，顺序摆放在工作台上并进行标记，安装时按照相反顺序进行即可。

1）佩戴手套，将压缩机放置在工作台上，把压缩机外表面擦洗干净。

2）将电磁离合器前面的螺栓松开，取下上端盖，如图 2-57 所示。

3）使用卡簧钳取下带轮固定卡簧，如图 2-58 所示。

4）使用顶拔器取下带轮总成，如图 2-59 所示。

5）使用卡簧钳取下电磁离合器固定卡簧。

6）取下电磁离合器，如图 2-60 所示。

图 2-57　取下上端盖

图 2-58　取下固定卡簧

7）均匀拧下压缩机前端盖的固定螺栓，并取下前端盖。

8）取下活塞、斜盘及主轴、气缸、阀体、垫片、后端盖等部件，分解完成后如图 2-61 所示。

图 2-59　使用顶拔器取
下带轮总成

图 2-60　取下电磁离合器

图 2-61　拆卸完成部件

➤ 引导问题 20：冷凝器的检修方法是什么？

_____

_____

_____

➤ 引导问题 21：汽车的冷凝器一般位于什么位置？安装时的注意事项主要有哪些？

_____

_____

_____

小提示

1）连接冷凝器管接头时，要区分哪里是进液口、哪里是出液口。进液口位置应该处于上方，出液口位置在下方。因为液态制冷剂会在重力作用下自然流到底部，从出液口流出而进入储液干燥器。反之，冷凝器内会积满制冷剂，这会使冷凝器的传热性能下降，同时会引起系统压力升高，从而导致冷凝器胀裂。

2）在未安装管接头时，不要长时间打开连接管口的保护盖，以免潮气进入。

3）安装的密封圈必须是新的密封圈，密封圈不允许重复使用。在新的冷凝器中需要加注新的等量的冷冻机油。

49

冷凝器的拆卸
清洗与安装

任务技能点2: 汽车冷凝器的拆装与清洗

1. 准备工作

防护:
工作服, 劳保鞋

设备及零部件:
实车, 空调清洗枪, 去污清洗剂, 杀菌清洁剂

准备工作

工具:
十字螺钉旋具, 一字螺钉旋具等

辅料:
三件套, 翼子板布,
无纺布

2. 清洗步骤与说明

1) 将空调制冷剂进行回收。

2) 断开蓄电池负极, 并进行绝缘处理, 防止误碰触。

3) 拆卸前保险杠左右两侧固定螺钉或卡扣。

4) 拆卸前保险杠底部固定螺钉或卡扣, 拆卸中网上部固定螺钉, 然后取下中网并断开连接线卡, 拆卸前保险杠上部固定螺钉, 将前保险杠与车身分离, 如图2-62所示, 断开雾灯连接线卡, 取下前保险杠。

5) 断开冷凝器与空调压缩机高压管连接管路和冷凝器与空调压缩机低压管连接管路, 如图2-63所示。将冷凝器的进水口管与出水口管用干净的布塞住。

图 2-62　前保险杠与车身分离

图 2-63　拆卸冷凝器连接管路

6) 松开冷凝器总成与车身连接的紧固螺母, 并取下冷凝器, 如图2-64所示。

7) 检查冷凝器表面有无破损、裂纹或变形, 若有, 会影响冷凝器的密封性及内部制冷剂的正常流通, 需要更换冷凝器。

8) 安装与拆卸顺序相反, 完成冷凝器的复装。若冷凝器有脏物, 需要对其进行清洗。

9) 清洗冷凝器时, 先用气枪将冷凝器缝隙内及表面的毛絮、树叶、飞虫等吹干净, 再用清水冲洗, 直到流下来的水清亮即可, 水枪

图 2-64　取下冷凝器

冲洗的压力不要调太大。需要注意的是, 如果仅仅是清洗冷凝器, 务必不要将冷凝器拆卸下来, 否则需要进行抽取制冷剂、重新加注制冷剂等作业。

➤ **引导问题 22：** 蒸发器的泄漏主要可以使用_____进行检测。

➤ **引导问题 23：** 如果蒸发器外表面检查到积垢、异物，如何进行清洗？

_____

_____

_____

小提示

1）空调蒸发器在拆卸时，需要进行制冷系统排空或制冷剂回收。

2）把蒸发器两端的接头拆下，拿出蒸发器后，应立即封住其开口部位和两端系统软管接口。

3）蒸发器外表面有积垢、异物时，要用软毛刷（或软布、棉纱）和清水清洗，注意不要用硬毛刷和高压水冲刷，不要弄弯吸热片。

4）蒸发器的内部盘管有泄漏现象时，通常由专业修理人员对泄漏处进行焊补。

任务技能点3： 汽车空调蒸发器的拆装与安装

1. 准备工作

蒸发器的分
解与清洗

2. 拆装步骤与说明

1）在进行蒸发器拆卸前应将空调制冷剂进行回收，并断开蓄电池、拆除仪表台等附件，取下蒸发器箱体。

2）拆卸温度风门电动机、除霜风门电动机以及中间出风口风门。

3）拆除暖风水箱侧送风分配管道及盖板、拆卸蒸发器箱体与车身之间的密封件，如图 2-65 所示，取出暖风水箱。

4）拆卸暖风水箱壳体、蒸发器温度传感器、空调滤芯、鼓风机，如图 2-66 所示。

图 2-65 拆卸密封件

5）拆除蒸发器壳体固定螺栓，将蒸发器壳体分离，取出蒸发器，如图 2-67 所示。

6）安装时，按照与拆卸相反的顺序进行复装。

一般蒸发器需要一年清洗一次，常见的方式有几种：

1）用泡沫喷剂的方式，直接将喷剂喷入进风口，在车内的风道进行循环。但是清洗剂液化后会对线路产生一定的腐蚀，形成一定的隐患。

图 2-66　拆卸鼓风机

图 2-67　取出蒸发器

2）将仪表台全部拆散后清洗蒸发器。此工程量比较大，破坏性较大，成本较高。

3）用可视化清洗设备，结合清洗剂，拆卸简单的零部件后（空调滤芯、风机电阻、鼓风机等）即可进行清洗。此方法可以清晰看到全过程，进行有针对性的清洗。

（三）任务评价反馈

1．小组自评

小组自评表（表 2-2）能够让小组成员对各自的信息检索能力、任务认知程度、参与状态、学习方法和工作过程等方面进行评价，从记忆、领会、应用、分析、反馈全方位评估自己对知识的学习及掌握情况。

表 2-2　小组自评表

班级		组名		日期	
评价指标	评价要素			分值	分值评定
信息检索能力	能有效地利用网络资源、工作手册查找有效信息；能用自己的语言有条理地表述所学知识；能将查找到的信息有效地转化到工作中			10	
任务认知程度	熟悉自己的工作岗位，认同工作价值；在工作中，能获得满足感			10	
参与状态	与教师、同学之间相互尊重、理解、平等；与教师、同学之间能够保持多向、丰富、适宜的信息交流			10	
	探究学习、自主学习不流于形式，处理好合作学习和独立思考的关系，做到有效学习；能够提出有意义的问题或能发表个人见解；能按要求正确操作；能够倾听、协助分享			10	
学习方法	工作计划、操作技能符合规范要求；获得了进一步发展的能力			10	
工作过程	遵守管理规程，操作过程符合现场管理要求；平时上课的出勤情况和每次完成学习任务情况良好；善于多角度思考问题，能主动发现、提出有价值的问题			15	
思维状态	能发现问题、提出问题、分析问题、解决问题			10	
自评反馈	按时、按质完成学习任务；较好地掌握了专业知识点；具有较强的信息分析能力和理解能力；具有较为全面严谨的思维能力并能条理清晰地表述			25	
自评分值					
有益的经验和做法					
总结反思建议					

2．小组互评

小组互评表（表 2-3）能够让小组成员从信息检索能力、任务认知程度、参与状态、学习方法和工作过程等方面对其他小组进行评价,通过互相评价环节,学习其他小组的长处,弥补自己小组的不足。

表 2-3　小组互评表

班级		被评组名		日期	
评价指标	评价要素			分值	分值评定
信息检索能力	该组能有效利用网络资源、工作手册查找有效信息			5	
	该组能用自己的语言有条理地去理解、表述所学知识			5	
	该组能将查找到的信息有效转化到工作中			5	
任务认知程度	该组能熟悉各自的工作岗位,认同工作价值			5	
	该组成员在工作中能获得满足感			5	
参与状态	该组与教师、同学之间相互尊重、理解、平等			5	
	该组与教师、同学之间能够保持多向、丰富、适宜的信息交流			5	
	该组能处理好合作学习和独立思考的关系,做到有效学习			5	
	该组能提出有意义的问题或能发表个人见解,按要求正确操作,能够倾听、协助分享			5	
	该组能积极参与学习任务,并在过程中综合运用信息技术的能力得到提高			5	
学习方法	该组工作计划、操作技能符合规范要求			5	
	该组获得了进一步发展的能力			5	
工作过程	该组遵守管理规程,操作过程符合现场管理要求			5	
	该组平时上课的出勤情况和每次完成学习任务情况良好			10	
	该组善于多角度思考问题,能主动发现、提出有价值的问题			5	
思维状态	该组能发现问题、提出问题、分析问题、解决问题			10	
自评反馈	该组能严肃认真地对待自评,并能独立完成自测试题			10	
自评分值					
简要评述					

3. 教师评价

教师评价的内容主要包括小组出勤情况、信息收集能力、计划制订是否完善、工作过程是否规范等,见表 2-4,能够帮助学生更好地理解学习任务,促进对任务知识点、技能点的消化和吸收。

表 2-4　教师评价表

班级		组名		姓名	
出勤情况					
评价指标	评定要素			分值	分值评定
理想信念	有坚定的理想信念,热爱祖国			5	
	坚持正确的政治方向,政治积极向上			5	
	坚持社会主义核心价值观			5	
	在实操过程中体现劳动精神、工匠精神			5	
	具备良好的职业道德和环保意识			5	
道德品质	遵守公共场所的管理规定,自觉维护公共秩序和社会公德			5	
	在公共场所举止文雅,文明礼貌			5	
	爱护公物,保护公共设施			5	
	积极参加社会公益活动			5	

（续）

评价指标	评定要素	分值	分值评定
信息检索	能够顺利完成教师安排的任务,快速找到有效信息,并转化到工作中去	5	
任务认知	能够读懂文字的表达内容	5	
	能够满足岗位工作要求,掌握工作流程,熟悉注意事项	5	
参与状态	与教师、同学之间相互尊重、理解	4	
	能够做到独立思考,表达自己想法	4	
	能够按照要求正确操作,能够倾听对方表达的内容,乐于分享	4	
学习方法	能够按照工作内容的紧急情况合理地制订计划	4	
	能够按要求完成工作计划,且操作符合规范	4	
工作过程	操作符合安全规定	5	
	操作符合流程规范	5	
	能够协助他人完成工作	5	
思维状态	工作过程思维清晰,对工作结果能够正确预判,对其他相关工作有帮助	5	
师评分值			
综合评价			

变排量式压
缩机的结
构与原理

三、任务拓展信息

变排量压缩机

因为汽车空调压缩机是通过带轮由发动机直接驱动的，所以汽车高速行驶时，排量随发动机转速的增加而增加，功耗也随之增加。这一方面影响汽车的驾驶性能，另一方面，使压缩机制冷量过剩，造成蒸发压力降低，蒸发器结霜，制冷系数降低。为此，对压缩机容量进行控制，实现压缩机容量变化与制冷负荷相匹配的控制，使其在低速时具有高制冷能力和高效率，高速时能节约多余的制冷能力，降低功耗。因此采用变排量压缩机，更能满足人们对汽车安全性和舒适性的要求。变排量空调压缩机目前在汽车上使用逐渐增多，这种类型的压缩机可以根据空调的工况需要使其排量在一定范围内无级变化，只需要改变活塞的行程。

1. 压力调节式变排量压缩机

（1）工作原理 压力调节式变排量压缩机是大众系列的一种连续变容量空调压缩机，它通过改变单向工作斜盘的倾斜角度（活塞的工作行程）来改变排量，调节范围在 5% ～ 100%。斜盘的倾斜角度取决于每个活塞两侧的压力差，活塞右侧的压力受压力箱内压力的影响，压力箱内压力由调节阀和节流管道控制，压缩机的调节阀通过波纹管的伸缩具有输出稳压作用。压力调节式变排量压缩机的旋转运动由输入轴传递给驱动连杆机构（图 2-68），驱动连杆机构通

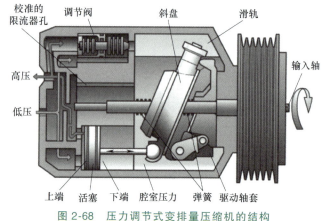

图 2-68 压力调节式变排量压缩机的结构

过斜盘将旋转运动转换成5个连杆的轴向运动。滑轨保证斜盘沿轴向运动。

这种压缩机活塞的工作行程可以根据高、低压压力比率而改变。活塞行程的改变直接影响压缩机的压缩比率，从而调节制冷剂的输出功率，改变制冷效率。在正常工作情况下，压缩机是持续运转的，不发生离合动作。旋转斜盘的倾斜角度决定了活塞的行程。旋转斜盘的倾斜角度取决于腔室压力、活塞顶部和底部的压力以及斜盘前后的弹簧力。腔室压力取决于调节阀两侧的高低压力和节流管道的大小。

（2）工作过程

1）汽车空调接通。刚接通汽车空调时，高、低压及腔室压力是相等的，旋转斜盘前后弹簧对斜盘的调节范围为40%。此时压缩机开始的输出功率为40%，即以较小的输出功率工作，以减小对发动机的冲击负荷。

2）高制冷率。高、低压管的相对压力较高时，调节阀打开，从节流管流入的高压经调节阀流回低压端，腔室压力下降。活塞顶部的压力与弹簧1的压力之和大于活塞底部的压力（腔室压力）与弹簧2的压力之和，旋转斜盘的倾斜角度增大，活塞的行程增大，输出功率提高，如图2-69所示。

3）低制冷率。高、低压管的相对压力较低时，调节阀关闭，从节流管流入的高压无法经调节阀流回低压端，腔室压力上升。活塞顶部的压力与弹簧1的压力之和小于活塞底部的压力（腔室压力）与弹簧2的压力之和，旋转斜盘的倾斜角度减小，活塞的行程减小，输出功率降低，如图2-70所示。

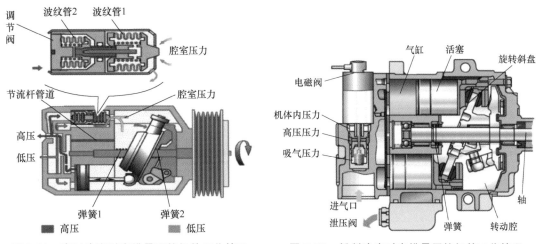

图2-69　高制冷率时变排量压缩机的工作情况　　图2-70　低制冷率时变排量压缩机的工作情况

2. 电磁阀调节式变排量压缩机

如图2-71所示，与压力调节式变排量压缩机相比，电磁阀调节式变排量压缩机将压力调节阀更换成电磁调节阀，由空调ECU根据各个传感器的信号，调节电磁阀占空比，使压缩机更有效率，制冷效果更好。

1）如图2-72所示，当电磁控制阀关闭时（给电磁线圈通电），产生了不同的压力并使转动腔内的压力减小。然后，加在活塞右侧的压力比加在活塞左侧的压力更大，从而压缩了弹簧并使旋转斜盘倾斜。最终，增加了活塞行程和排放容量。

2）如图2-73所示，当电磁控制阀打开时（不给电磁线圈通电），不能产生不同的压力。加在活塞左侧的压力与加在活塞右侧的压力相等，因而，弹簧伸长并消除了旋转斜盘的倾斜。结果，活塞行程及排放容量变为 0。

3）转动腔连接到吸入通道。如图 2-74 所示，吸入通道（LO 压力）和出口通道（HI 压力）将不同的压力信息提供给电磁控制阀。在负载比控制下与来自空调放大器或空调 ECU 的信号同时控制电磁控制阀的运转。负载比控制从 0~100% 线性变化，以改变排放容量。

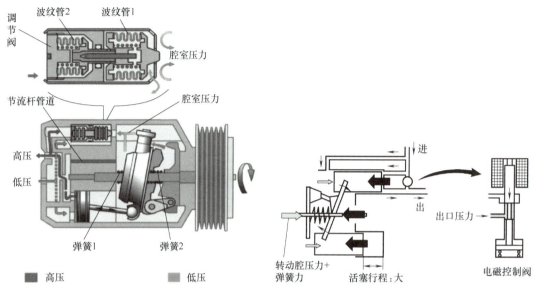

图 2-71　电磁阀调节式变排量压缩机的结构　　图 2-72　当电磁控制阀关闭时（给电磁线圈通电）

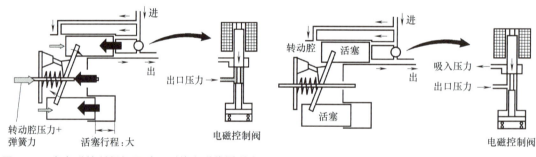

图 2-73　当电磁控制阀打开时（不给电磁线圈通电）　　图 2-74　转动腔连接到吸入通道

3. 变排量旋叶式压缩机

图 2-75 所示为一种双叶片旋叶式压缩机，它可根据发动机转速的高低，自动调节制冷量。

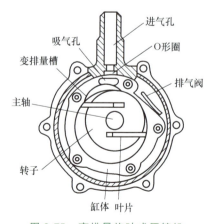

图 2-75　变排量旋叶式压缩机

学习任务 3

汽车空调暖风、通风与配气系统的检修

一、任务说明

任务描述	张先生的新能源汽车暖风加热功能失效了，到 4S 店进行维修。张先生说，新能源汽车的暖风是靠电加热的吗？跟传统燃油汽车有什么不一样？需要技师进行简单的介绍。
任务所属 模块课程	• 空调与舒适系统检修 • 新能源汽车空调系统检修
任务对应 工作领域	• 汽车电子电气与空调舒适系统工作领域 • 新能源汽车网关控制娱乐系统技术工作领域
育人目标描述	
1. 增强学生团队及合作意识，强调养成良好自主学习能力的重要性 2. 培养严肃认真，精益求精的工作习惯	
职业技能（能力）要求描述	
行为	能够完成汽车空调暖风、通风与配气系统部件的检修作业
条件	车辆/设备：丰田卡罗拉轿车 工具及场地要求：维修工位 4 个、原车配套维修手册 4 本、原车配套电路图 4 本、工具箱（内包含扳手、棘轮、套筒、钳子等通用手动工具）4 个、零件车 4 个、工作灯 4 个、手套若干、护目镜若干、空调滤芯 4 个、维修工作台 4 个
标准与要求	1. 树立分析问题、解决问题的信心 2. 提高沟通协调、团队合作的能力 3. 强化安全生产、规范操作的意识 4. 培养爱护环境、节约资源的意识 5. 了解传统汽车暖风系统的组成及工作原理 6. 了解传统汽车通风系统的组成及工作原理 7. 了解传统汽车空调空气净化功能的作用与分类 8. 掌握新能源汽车与传统燃油汽车暖风系统的区别 9. 掌握新能源汽车的暖风系统技术 10. 能对照实车识别汽车空调暖风、通风系统相关部件
成果	1. 能够正确操作汽车空调系统的暖风、通风系统 2. 能够进行空调暖风系统的检修 3. 能够对空调滤芯进行检查和更换

二、任务学习与实施

（一）任务引导与学习

➤ 引导问题 1：图 3-1 所示为手动空调控制面板，请写出以下部件的名称。

1：＿＿＿＿＿＿＿，2：＿＿＿＿＿＿＿，3：＿＿＿＿＿＿＿，

4：＿＿＿＿＿＿＿，5：＿＿＿＿＿＿＿，6：＿＿＿＿＿＿＿。

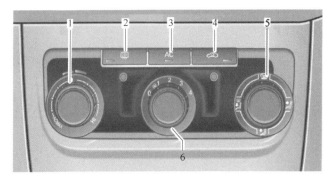

图 3-1　手动空调控制面板

➢ 引导问题 2：图 3-2 所示为自动空调控制面板，请写出以下部件的名称。

A：＿＿＿＿＿＿＿，B：＿＿＿＿＿＿＿，C：＿＿＿＿＿＿＿，D：＿＿＿＿＿＿＿，

E：＿＿＿＿＿＿＿，F：＿＿＿＿＿＿＿，G：＿＿＿＿＿＿＿，H：＿＿＿＿＿＿＿，

I：＿＿＿＿＿＿＿，J：＿＿＿＿＿＿＿，K：＿＿＿＿＿＿＿。

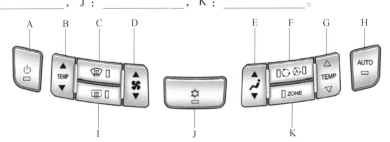

图 3-2　自动空调控制面板

➢ 引导问题 3：图 3-3 所示为热水取暖系统的工作原理图，请简述其工作原理。

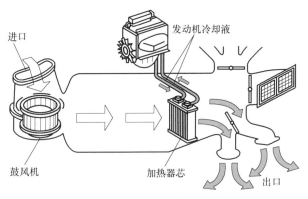

图 3-3　热水取暖系统的工作原理图

＿＿＿＿＿＿＿＿＿＿＿＿＿＿＿＿＿＿＿＿＿＿＿＿＿＿＿＿＿＿＿＿＿＿＿＿＿＿＿

＿＿＿＿＿＿＿＿＿＿＿＿＿＿＿＿＿＿＿＿＿＿＿＿＿＿＿＿＿＿＿＿＿＿＿＿＿＿＿

＿＿＿＿＿＿＿＿＿＿＿＿＿＿＿＿＿＿＿＿＿＿＿＿＿＿＿＿＿＿＿＿＿＿＿＿＿＿＿

＿＿＿＿＿＿＿＿＿＿＿＿＿＿＿＿＿＿＿＿＿＿＿＿＿＿＿＿＿＿＿＿＿＿＿＿＿＿＿

➢ 引导问题 4：图 3-4 所示的部件为＿＿＿＿＿＿＿＿，新能源汽车不采用内燃机作为整车的动力源，其空调无法利用发动机余热达到取暖以及除霜的效果。因此，新能源汽车空调系统相比传统燃油汽车空调系统增加了＿＿＿＿＿＿＿＿和电动压缩机。

图 3-4 某部件

➤ **引导问题 5**：甲说，车厢内的湿度是由调节冷却的空气与从加热器芯来的热空气来控制的；乙说，车厢内只需维持适当的温度，湿度无需调节。你认为（   ）。

    A. 甲正确　　　　B. 乙正确　　　　C. 两人均正确　　　　D. 两人均不正确

➤ **引导问题 6**：空调与暖风系统暖气热量不足时，甲说：应先检查暖水阀是否卡住；乙说：应先检查空气混合阀门是否卡住。你认为（   ）。

    A. 甲正确　　　　B. 乙正确　　　　C. 两人均正确　　　　D. 两人均不正确

 **知识链接**

水暖式暖风系统的组成与工作机理

1. 传统汽车空调暖风系统

汽车空调暖风系统是将车外新鲜空气引入换热器，吸收其中某种热源的热量，从而提高空气的温度，并将空气送入车内的装置。汽车空调暖风系统的作用：

① 与蒸发器一起将空气调节到使人感到舒适的温度。

② 在寒冷的冬季向车内提供暖气，提高车内空气的温度。

③ 当车窗结霜影响驾驶人和乘员的视线，不利于行车安全时，可通过采暖装置吹出热风来除霜。

汽车空调暖风装置的种类有很多，按照热源的不同，可分为水暖式暖风装置和气暖式暖风装置；按所使用的热源不同，可分为发动机余热式暖风装置、独立燃烧式暖风装置以及综合预热式暖风装置。

（1）**水暖式暖风系统**　水暖式暖风系统是利用发动机的冷却液的余热作为热源，将其引入换热器（加热器），由鼓风机将车厢内部或车外部的空气吹过换热器而使之升温，如图 3-5 所示。

水暖式暖风装置一般由冷却液控制阀、鼓风机、暖风水箱、节温器及相应的管路组成，其结构示意图如图 3-6 所示。

1）冷却液控制阀。冷却液控制阀一般安装在加热器芯的入水管前面，用来控制进入加热器芯的发动机冷却液的流量。冷却液控制阀有两种控制方式。一种是拉绳控制阀，其结构如图 3-7 所示。拉绳钢索式冷却液控制阀应用在手动空调中，它依靠人工移动调节键移动开关的钢索来关闭或打开控制阀。

另一种是真空控制阀，主要由真空膜、活塞和阀体组成，其结构示意图如图 3-8 所示。其工作原理是：供暖气时，真空膜片盒的右空腔与真空源导通，在两端压力差作用下，膜片克服弹簧力带动活塞一起右移，活塞将冷却液通路开启，这时发动机冷却液流向加热器，系统处于供暖状态。

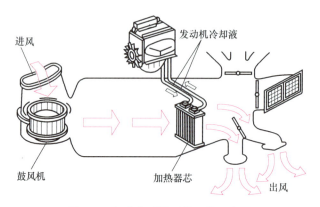

图 3-5　水暖式暖风系统工作示意图

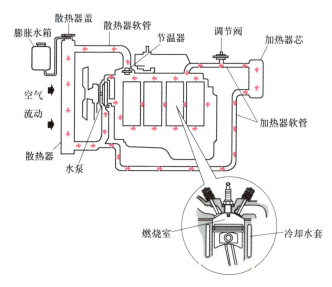

图 3-6　水暖式暖风装置结构示意图

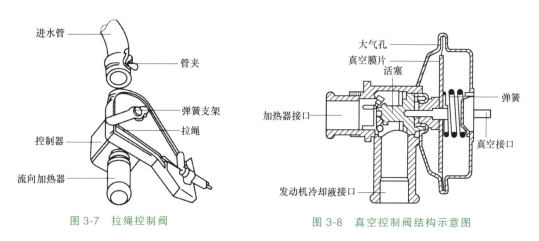

图 3-7　拉绳控制阀　　　　　　　　图 3-8　真空控制阀结构示意图

　　若真空膜片盒的真空源断开，则弹簧压力通过膜片带动活塞左移，此时冷却液的通路被关闭，加热器不会发热。真空控制阀可以应用在手动空调中，也可应用在自动空调中。

　　2）加热器芯。加热器芯由管/叶片和容器组成，将管子弄扁可以改善传导并使加热性能变得更好，加热器芯上的水箱用来引导冷却液，一般由黄铜或塑料和铝制成，其结构如图 3-9 所示。

3）节温器。节温器一般安装在发动机冷却液通道的出口处，通过感知发动机冷却液的温度控制冷却液的大、小循环。目前大都使用石蜡式节温器，其结构示意图如图 3-10 所示。

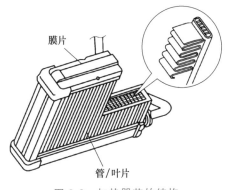

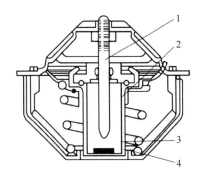

图 3-9　加热器芯的结构

图 3-10　石蜡式节温器结构示意图

1—发动机缸体　2—节温器　3—橡胶套　4—感温套

4）加热器软管与卡箍。一般有两根软管与加热器相连，一根进水软管和一根出水软管。这些软管一般由耐油污和耐臭氧的增强合成橡胶制成，通过卡箍进行固定连接并与加热器相连。经常采用的卡箍有恒定张力卡箍和涡轮式卡箍两种，如图 3-11 所示。

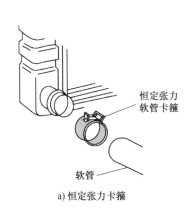

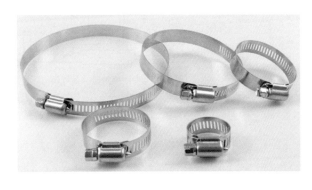

a) 恒定张力卡箍

b) 涡轮式卡箍

图 3-11　常用卡箍

轿车、载货汽车和小型客车经常将发动机冷却液的余热作为热源，将热源引入换热器，由鼓风机将车厢内或车外部空气吹过换热器使之升温。此种装置设备简单、安全经济，但热量小，受发动机运行工况影响较大。

水暖式暖风装置在不使用暖气时，冷却液通过水泵将发动机内的高温冷却液泵入散热器，散热后的冷却液由散热器出水管回到发动机。水暖式暖风系统工作原理如图 3-12 所示。

使用暖气时，经发动机分流出的高温冷却液部分送入采暖装置的加热器芯，冷空气在鼓风机的作用下，通过加热器被加热后，由不同的出风口吹向乘员室。在加热器芯中被吸收热量的冷却液离开加热器被发动机水泵抽回发动机，完成一次循环。暖风可以通过风窗玻璃下面的出风口吹到风窗玻璃上，以保持风窗玻璃内侧温度在雾点之上防止起雾或结霜。

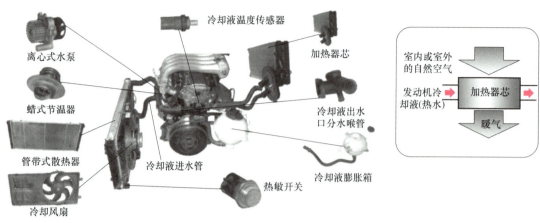

图 3-12　水暖式暖风系统工作原理

气暖式暖风
系统的组成
与工作机理

（2）气暖式暖风装置　气暖式暖风装置的结构示意图如图 3-13 所示。它利用发动机排气管中的废气余热或冷却发动机后的热空气作为热源，通过换热器加热空气，把加热后的空气输送到车厢内取暖。此种装置受车速的影响大，对换热器的密封性、可靠性要求较高。气暖式暖风装置有两种：一种是气暖肋片式，另一种是气暖热管式。

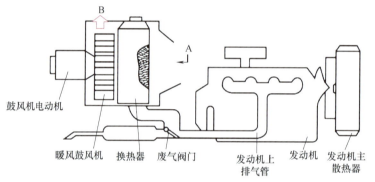

图 3-13　气暖式暖风装置的结构示意图

1）气暖肋片式暖风装置。在发动机排气管上装一段肋片管，管外套上外壳（图 3-14），管内通发动机排气，外壳与管之间的夹层中通空气，这段管即是换热器。

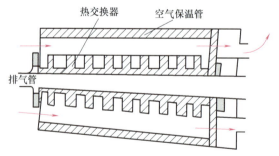

图 3-14　气暖肋片式暖风装置

在鼓风机的作用下，将空气吸入并加热后送入车室。加肋片的目的是增加换热面积以强化换热。值得注意的是排气中含有二氧化硫和水分等杂质，具有腐蚀性。因此，要求这管段的管材必须是耐腐蚀的，连接处应该密封严实，且应经常检查。如因受腐蚀而使管段穿孔，废气将和空气一起进入车室危及人体健康和安全。

2）气暖热管式暖风装置。其工作原理：车用发动机的废气流经热管的吸热端，利用鼓风机强制车室内空气流过热管的放热端，真空密闭的金属管内装入约占热管容积 1/3 的工作液体，在管下部（即吸热端）的工作液体被发动机废气热流体加热，吸收热量后沸腾变为气体，由于气体的密度小而上升，到管的上部将热量传给车室的空气而凝结。这种垂直布置可利用重力差，加速凝结液回流，稳定其换热性能。凝结液沿管内壁流回下部，再吸热沸腾为气体。如此反复进行，不断地将下部的热量传到上部，如图 3-15 所示。

气暖热管式暖风装置的优点是结构简单、启动快、传热系数高、换热效果好，不需外加动力也无运动部件，维护方便，而且发动机排出的废气和进入车室采暖用空气互不泄漏，工作安全可靠。

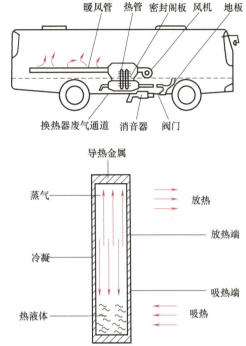

图 3-15　气暖热管式暖风装置

2. 新能源汽车暖风系统

新能源汽车对空调和暖风系统的要求与传统燃油汽车相同，不同的是两者压缩机驱动及制热方式不同。纯电动汽车没有发动机，插电式混动车型发动机不是实时工作的，因此传统燃油车型上的带驱动式空调压缩机无法应用到新能源汽车上。没有了发动机，暖风系统就没有了热源，因而需要另外形式的制热装置。新能源汽车上普遍采用了电动空调压缩机和 PTC 加热器等来分别实现制冷和制热功能。

电动汽车暖风系统（PTC加热器）的工作机理

电动汽车空调系统暖风常见的方案有：

（1）热泵　热泵式空调系统工作原理如图 3-16 所示。

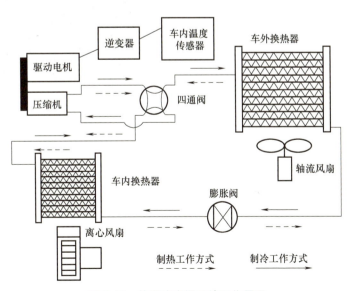

图 3-16　热泵式空调系统工作原理

空调系统的制冷/制热模式由四通换向阀转换，实线箭头表示制冷工况，虚线箭头表示制热工况。从原理上讲，该系统与普通的热泵空调并无区别，但是用于电动汽车上，其专门开发了双工作腔滑片压缩机、直流无刷电动机和逆变器控制系统。在热泵工况下，系统从融霜模式转为制热模式时，风道内换热器上的冷凝水会迅速蒸发，在风窗玻璃上结霜，影响驾驶的安全性。

（2）PTC 加热器的结构与检修

1）PTC 加热器的结构。PTC 是正温度系数（Positive Temperature Coefficient）的英文缩写。PTC 加热器是采用 PTC 热敏电阻元件为发热源的一种加热器，其主要功能是开关功能和发热功能。它是用半导体材料制成的，其电阻值随湿度变化而急剧变化。当外界温度降低时，PTC 加热器电阻值随之减小，发热量反而相应增加。PTC 热敏电阻按材质可以分为陶瓷 PTC 热敏电阻和有机高分子 PTC 热敏电阻，用于空调辅助电加热器的是陶瓷 PTC 热敏电阻。PTC 热敏电阻元件具有随环境温度的变化，其电阻值随之变化的特性，所以 PTC 加热器具有节能、恒温、安全和使用寿命长等特点。由 PTC 热敏电阻制成的各种加热产品已经成为电阻丝类加热材料的理想替代品，目前已大量应用于汽车空调系统。

PTC 加热器可按小功率到大功率任意设计，外形也可按要求设计，还具有升温迅速、使用寿命长以及电压使用范围宽等特点，可在 12～380V 之间根据需要进行设定等优点。新能源汽车制热方式主要有 PTC 水加热器和 PTC 电加热两种。

PTC 水加热器通过加热冷却液的方式完成车辆制热功能。先利用水泵将储液壶里面的冷却液泵入 PTC 水加热器内，然后由 PTC 对其进行加热，加热后的冷却液流经暖风水箱使周围的空气温度上升，通过鼓风机将热量输送至空调出风口，以此提高车内温度，最后冷却液流回储液壶，如此循环，如图 3-17 所示。比亚迪 e5 的 PTC 水加热器如图 3-18 所示。

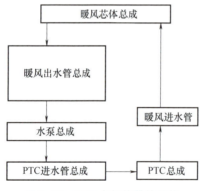

图 3-17 PTC 水加热器的结构

图 3-18 比亚迪 e5 的 PTC 水加热器

PTC 电加热器由两组波纹铝制半导体材料组成。空调控制器可以使两组半导体材料独立或同时工作，以满足车辆的加热需求。PTC 电加热器的结构、实物图如图 3-19、图 3-20所示。比亚迪 e5 PTC 电加热器的外观与参数如图 3-21 所示。空调控制器接收空调面板的加热请求信号，并采集车内外温度等信号，控制加热器工作。空调控制器与 VCU 通过CAN 总线完成交互信息，当发生异常时可以及时发出警告信号并做出响应。

2）PTC 加热器的检修。

① 通信类故障。当出现通信类故障时，首先确认低压侧输入电源、接地线是否正常。图 3-22 所示为测量 PTC 水加热系统，打开点火开关测量 PTC 低压线束端供电和接地端子。

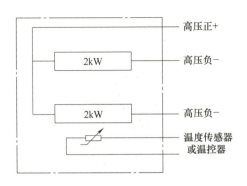

图 3-19 PTC 电加热器的结构

图 3-20 PTC 电加热器实物图

项目	技术参数
额定电压/V	640
工作电压范围/V	396~752
功率/kW	5±0.4
绝缘等级	AC(2200±20)V 漏电电流 <5mA
	AC(1000±20)V 绝缘阻值 >50MΩ
重量/kg	3.97
低压工作范围/V	9~16

图 3-21 比亚迪 e5 PTC 电加热器的外观与参数

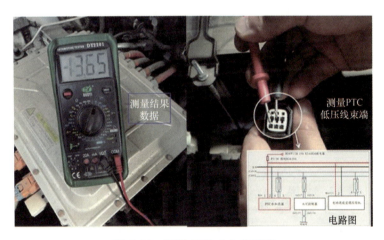

图 3-22 测量 PTC 水加热系统

　　测量 CAN 通信电路，用万用表测试 CAN-H 线、CAN-L 线对整车地线的电压。正常电压范围为：CAN-H 线的电压为 2.5~3.5V，CAN-L 线的电压为 1.5~2.5V。图 3-23 所示为测量 CAN 总线的电压范围。

　　测量线束端的 CAN 电压正常后，将线束插上从背面测试 CAN-H 线、CAN-L 线的电压，如果 CAN 总线的两根任意线电压变为 0V，需要更换 PTC；如果电压在合理范围内，但是依然无通信，说明故障点在 PTC 内部，需要更换 PTC。

　　② 制热/制热差类故障。

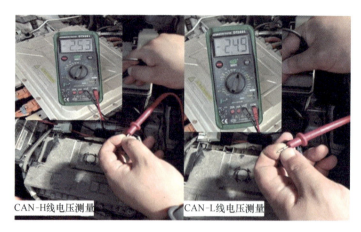

CAN-H线电压测量　　　　CAN-L线电压测量

图 3-23　测量 CAN 总线的电压范围

a. 将空调开到 HI，确认 PTC 进、出水口温度是否上升。

b. 用手触摸/挤压暖风水管胶管，检查暖风回路是否运行正常。

c. 观察水箱排气出水口是否形成水柱。如果出来的水断断续续，则需要对暖风回路循环进行排气（挤压胶管和让暖风水路导通）。

d. 确认水管管路走向是否正确。

e. 检查确认高压线束正、负极阻值，进行正、反测量。正侧值>1MΩ，稳定值为 1.6~1.8MΩ；反侧值>10kΩ，稳定值为 10~70kΩ。（不能作为故障判断依据，只作为参考检测数据）

f. 检查确认高压线束正、负极二极管档位压降，进行正、反测量。正侧值无穷大，反侧值>400mV。图 3-24 所示为测量高压线束二极管管压降正/反侧测量值。

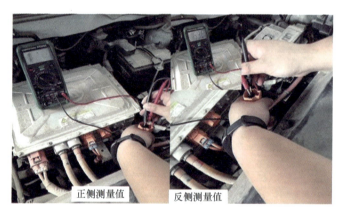

正侧测量值　　　　反侧测量值

图 3-24　测量高压线束二极管管压降正/反侧测量值

③ 漏电类故障。车辆 PTC 加热模块漏电。如果车辆在上电时出现此类故障，并且是严重漏电故障，车辆将无法上电。如果车辆在行驶中出现严重漏电故障，车辆会异常下电。

绝缘测量数据：绝缘耐压测试数据为电阻>10MΩ，漏电电流测试结果为电流<5mA。

测量方法：将高压直流母线正、负极短接，将低压线束连接在一起，并接在 PTC 等电位连接螺柱上，使用数字兆欧表（绝缘测试功能）给高压线束和 PTC 加热模块之间施加 DC 500V 的电压，持续 1min，等待数字兆欧表的数据稳定后，查看其绝缘阻值。图 3-25

所示为 PTC 水加热模块绝缘电阻测量示意图。

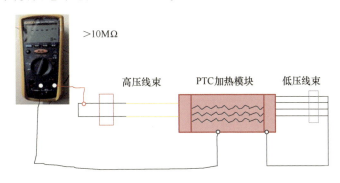

图 3-25　PTC 水加热模块绝缘电阻测量示意图

如果使用绝缘耐压测试仪做绝缘耐压测试，测试方法是：将高压直流母线正、负极短接，将低压线束连接在一起，并接在 PTC 等电位连接螺柱上，使用耐压测试仪给高压线束和 PTC 加热模块之间施加 AC 2200V（50～60Hz）的电压，持续 1min，测试其电流数据，正常漏电电流数据应小于 5mA。图 3-26 所示为使用绝缘耐压测试仪测量漏电电流。

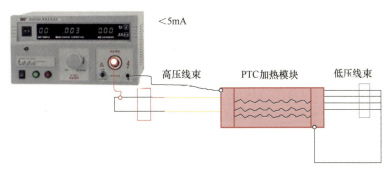

图 3-26　使用绝缘耐压测试仪测量漏电电流

（3）余热+辅助 PTC　利用大功率器件（功率变换、驱动电机、电机控制器等）工作时产生的热量，与车内环境进行热交换。当热量不足时，启用辅助 PTC 加热器。

🌱 情智链接

传统汽车与新能源汽车因其在结构上的不同，取暖方式亦不同。新能源汽车的取暖方式为 PTC 电加热，但其耗电量较高，取暖技术急需创新以保证其对新能源汽车的行驶里程影响较小。创新是第一动力，经过科研人员的技术革新，热泵技术应运而生，促进了新能源汽车产业发展。青年学生应努力学习技术技能知识，以传承创新、勇攀高峰，努力做走在时代前列的奋进者、开拓者、奉献者。

➢ 引导问题 7：汽车空调的通风方式一般有＿＿＿＿＿＿＿＿、＿＿＿＿＿＿＿＿和＿＿＿＿＿＿＿＿ 3 种。

➢ 引导问题 8：汽车空调的配气系统由哪几部分组成？

＿＿＿＿＿＿＿＿＿＿＿＿＿＿＿＿＿＿＿＿＿＿＿＿＿＿＿＿＿＿＿＿＿＿＿＿＿

＿＿＿＿＿＿＿＿＿＿＿＿＿＿＿＿＿＿＿＿＿＿＿＿＿＿＿＿＿＿＿＿＿＿＿＿＿

＿＿＿＿＿＿＿＿＿＿＿＿＿＿＿＿＿＿＿＿＿＿＿＿＿＿＿＿＿＿＿＿＿＿＿＿＿

＿＿＿＿＿＿＿＿＿＿＿＿＿＿＿＿＿＿＿＿＿＿＿＿＿＿＿＿＿＿＿＿＿＿＿＿＿

➤ 引导问题 9：为什么需要汽车空调对汽车室内空气进行净化处理？

_____

_____

_____

_____

知识链接

汽车空调通
风系统的作
用与分类

1. 汽车空调通风系统

由于汽车车室一般比较小，而人员往往较多，为了健康和舒适，汽车车室内空气必须符合一定的卫生标准，这就需要输入一定量的新鲜空气。将新鲜空气送进车室内取代污浊空气的过程，称为通风。新鲜空气进入量必须大于排出和泄漏的空气量，保持车内压力大于车外压力，目的是防止外面空气不经空调装置直接进入车内，而且能防止热空气排出，以及避免发动机废气通过回风道进入车内，污染空气。

根据我国对轿车、客车空调的新鲜空气要求，换气量按人体卫生标准最低为 $20m^3/(h \cdot 人)$，且车室内的 CO_2 的体积分数一般应控制在 0.03% 以下，风速在 0.2m/s 左右。

汽车空调的通风方式一般有动压通风、强制通风和综合通风 3 种。

（1）动压通风　动压通风也称自然通风，它利用汽车行驶时对车身外部所产生的风压为动力，在适当的地方开设进气口和排气口，以实现车内的通风换气。

图 3-27 所示为轿车车身进行风洞试验的表面风压分布图。由图可见，车身外部大多受到负压，只有车前及前风窗玻璃周围为正压区。因此，轿车的进风口设在车窗的下部正风压区，而且此处都设有进气阀门和内循环空气阀门，用来控制新鲜空气的流量。一般在汽车空调系统刚起动而且车内、外温差较大时，关闭外循环气道，采用内循环方式工作，这样可以尽快降低车内温度。排风口设置在轿车尾部负压区。动压通风时车内空气的流动如图 3-28 所示。由于动压通风不消耗动力，且结构简单，通风效果也较好，因此轿车大都设有动压通风口。

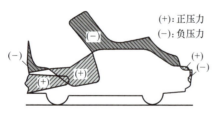

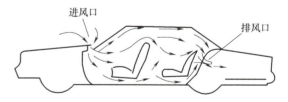

图 3-27　轿车车身表面风压分布图　　　　图 3-28　动压通风时车内空气的流动

（2）强制通风　强制通风是利用鼓风机强制将车外空气送入车厢内进行通风换气的，如图 3-29 所示。这种方式需要能源和通风设备，在冷暖一体化的汽车空调上，大多采用通风、供暖和制冷的联合装置，将外气与汽车空调冷暖空气混合后送入车内，此种通风装置常见于高级轿车和豪华旅行车上。

（3）综合通风　将上述两种通风方式结合起来，就形成了综合通风方式，汽车在低速行驶时采用强制通风，高速行驶时采用动压通风，这样就保证了汽车在各种工况下都能保持良好的通风效果，同时降低了功耗。这种通风方式近年来在汽车上的应用逐渐增多，目

前小型汽车上基本都采用了综合通风的方式。

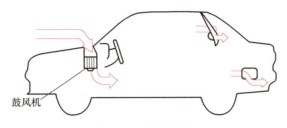

图 3-29　强制通风

2. 空气净化装置

汽车空调
空气净化
装置的作
用与分类

汽车空调的空气净化包括两部分：车室外空气的净化和车室内循环空气的净化。车室外空气受到环境的污染，如粉尘、公路上汽车排出的废气（含有 CO_2、CO、NO_x、SO_x、HC 和烟雾），车室内循环空气受工作过程和人的活动的污染，如发动机的废气通过车底的缝隙进入车室内及人体散发出的汗臭、呼出的 CO_2 等，降低了空调的舒适性能，对人体健康都会造成不利的影响，使人精神疲倦，容易造成行车事故。因此，必须对汽车空调的车室内空气进行净化处理。汽车空调系统采用的空气净化装置通常分为过滤除尘和静电集尘两种。

（1）过滤除尘　过滤除尘主要是对尘埃进行筛滤和拦截。过滤除尘主要使用无纺布、过滤纤维纸组成的干式纤维滤清器和金属网格浸油滤清器。干式纤维滤清器的优点是简单、价廉，缺点是气流阻力太大。

过滤除尘装置结构简单，广泛应用于各种普通轿车空调系统中。它是在空调系统的送风口和回风口处设置尼龙、纤维等过滤材料（花粉滤清器），仅能过滤空气中的灰尘和杂物，只需定期清理过滤网上的灰尘和杂物即可。干式纤维滤清器如图3-30 所示。

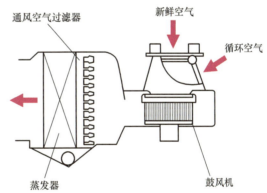

图 3-30　干式纤维滤清器

（2）静电除尘　静电除尘装置结构复杂、成本较高，一般只用于高级轿车和旅游车上。图 3-31 所示为静电集尘式空气净化系统的空气净化过程。

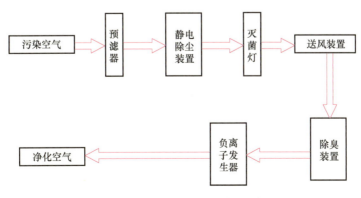

图 3-31　静电集尘式空气净化系统的空气净化过程

　　静电集尘器以静电集尘方式把微小的颗粒尘埃、烟灰及汽车排出的气体中含有的微粒吸附在集尘板上。图 3-32 所示为静电集尘的工作原理，其中图 3-22a 所示是放电电极流出的辉光电流使尘埃颗粒带电，图 3-32b 所示是带电的尘埃颗粒向集尘电极板运动。

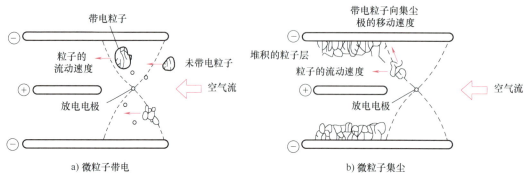

图 3-32　静电集尘的工作原理

　　图 3-33 所示为实用的静电集尘式空气净化装置结构示意图。它通常安装在制冷、供暖采用内循环方式的大客车上，经过这种装置净化后的空气清洁度很高，可以充分满足对汽车舒适性的要求。

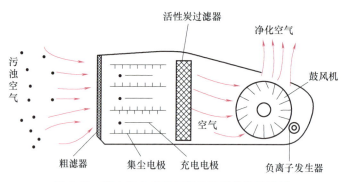

图 3-33　静电集尘式空气净化装置结构示意图

　　有些车辆的空气净化系统在滤清器中加入活性炭，可吸收空气中的异味；有些车辆在净化系统中设有烟雾传感器，当传感器检测到车内存在烟气时，便通过放大器自动使鼓风机以高速档运转，排出车内的烟气。这种净化装置如图 3-34 所示。

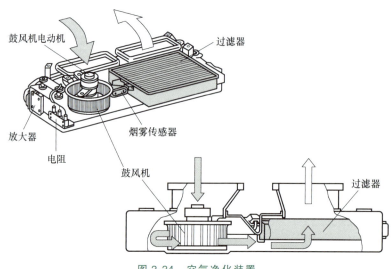

图 3-34　空气净化装置

3. 汽车空调配风系统

汽车空调已由单一制冷或取暖的方式发展到冷暖一体化方式，由季节性空调发展到全年性空调，真正起到空气调节的作用。汽车空调配风系统的作用主要是控制车内的暖气和冷气气流的流向、流速，以及控制车内的空气清新度，将新鲜空气引入车内，以提高乘员的舒适性。系统根据空调的工作要求，可以将冷、热风按照配置送到驾驶室内，满足调节需要。

（1）汽车空调配风方式　汽车空调不仅能将新鲜空气引入车厢内，而且能将冷气、热风、新鲜空气有机地进行配合调节，形成冷暖适宜的气流后吹出。常见汽车空调配风方式见表 3-1。

表 3-1　常见汽车空调配风方式

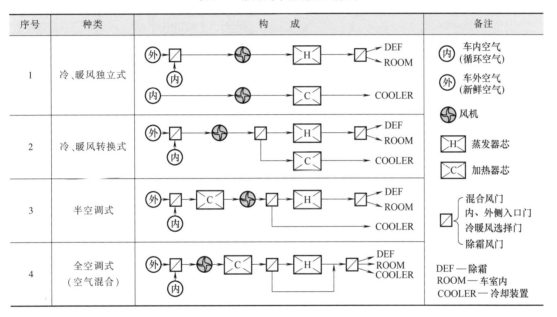

1）冷、暖风独立式。当夏季气温炎热时，车内空气在鼓风机吹送下，通过蒸发器芯冷却后，吹向车内降低车内温度。当冬季气温降低时，车内空气与车外空气混合，在鼓风机的吹送下，通过加热器芯升温，从中、下风门输送到车内，或经上风口吹向风窗玻璃进行除霜。

2）冷、暖风转换式。车内循环空气和外界新鲜空气经风门混合后，由鼓风机送入。当选择制冷（COOLER）功能时，混合空气经蒸发器芯冷却后吹出。当选择制热功能时，混合空气经加热器芯升温后由地板风口吹出。当选择除霜功能时，热风由除霜风口吹向风窗玻璃。当加热器和蒸发器全部关闭时，送入车内的为自然风。

3）半空调式。车内循环空气和新鲜空气经风门调和混合后，先经过蒸发器冷却，后经鼓风机送入风门调节，一部分或大部分进入加热器，冷气出口不再进行调节，已经被除湿。若蒸发器不开，送出的是暖风；若加热器不开，则送出的是冷风；若两者都不开，则送出的是自然风。

4）全空调式。全空调式也称空气混合式，其应用较为普遍，即新鲜空气和车内循环空气经风门调节后，由鼓风机吹向蒸发器进行降温除湿，再经风门进入加热器加热，出来的冷气和热气混合后，按功能要求送入车厢内。可通过调节风门来控制混合气的温度。若关闭蒸发器，则送出的是暖气；若关闭加热器，则送出的是冷气；若两者均不开，则送出的是自然风。

（2）典型的配气系统　汽车空调配气系统分为通风、制冷、再热系统。汽车典型配气系统如图 3-35 所示。汽车空调配气系统一般由三部分构成：第一部分为空气进入段，主要由气源门和伺服器组成，用来控制室内循环空气和室外新鲜空气进入；第二部分为空气混合段，主要由蒸发器、加热器和调温门组成，用来调节所需温度的空气；第三部分为空气分配段，分别可使空气吹向面部、脚部和风窗玻璃，主要包括中风门、下风门、除霜门和上风口、中风口、下风口。

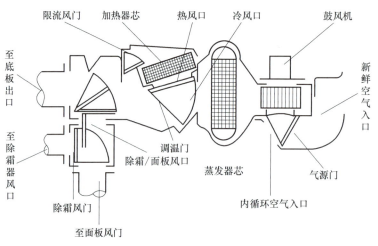

图 3-35　汽车典型配气系统

汽车空调配气系统的主要工作过程是：当调温门处于全开位置状态时，冷空气经过加热器；当调温门处于全闭位置状态时，冷空气不经过加热器。这样只要调温门处于全开或全闭位置，就可得到最高或最低温度空气。另外，可调节调温门处于全开或全闭之间的不同位置，得到不同温度和湿度的空气。分配段的除霜门、中风门、下风门，可调节空调风吹向风窗玻璃、乘员的中上部或脚部。另外，控制空调器内鼓风机转速，可调节空调风的流量，改变人体感觉的温度。

（3）配风系统的功能　汽车空调的配风系统可以根据不同的需要，通过不同的气流挡板的动作调节温度、内外循环和切换出风口等。

1）温度调节。空调系统通过移动空气混合挡板，改变流经加热器芯的热空气和蒸发器的冷空气的比例来控制温度。温度调节如图 3-36 所示。

2）内外循环控制。内外循环控制是通过控制进气风挡位置来选择是车内部循环还是车外部循环（图 3-37）。一般情况下通常选择外部循环，当外界空气污染时，可以切换到

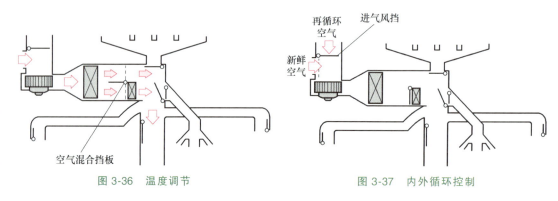

图 3-36　温度调节　　　　　　　　　　图 3-37　内外循环控制

内部循环模式。

3）出风口切换。汽车空调系统的出风口出风有 5 种模式可供切换，即吹向上半身、吹向上半身和脚部、吹向脚部、前风窗除霜、吹向脚部并前风窗除霜。通过控制除霜挡板、脚部挡板、中央挡板以及气流挡板可选择这 5 种模式。其具体的工作过程如图 3-38 所示。

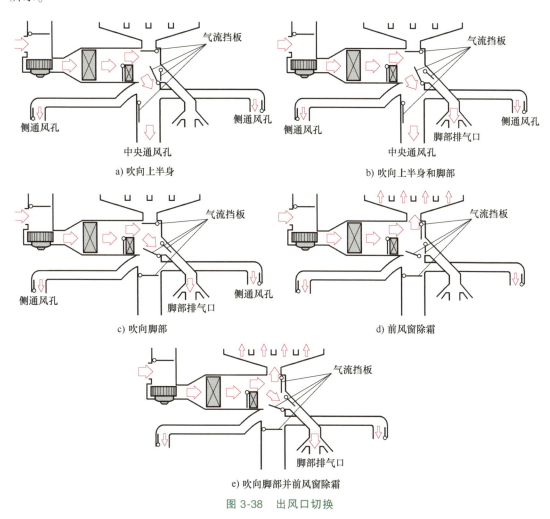

a) 吹向上半身　　　　　　　　　b) 吹向上半身和脚部

c) 吹向脚部　　　　　　　　　　d) 前风窗除霜

e) 吹向脚部并前风窗除霜

图 3-38　出风口切换

情智链接

良好的学习态度是每一位学生应该始终保持的品质。在学习中，应该时刻保持积极、严谨、认真、探究的学习态度，提升学习动力，让学习融入生活，体会学习的乐趣。

（二）任务计划与实施

➢ 引导问题 10：汽车空调的滤芯如何更换？

➢ 引导问题 11：汽车空调滤芯一般位于汽车的什么位置？在使用时有什么注意事项？

_____

_____

_____

_____

> 引导问题 12：汽车空调滤芯的作用是什么？

_____

_____

_____

_____

小提示

1）如果滤芯脏污，可从反面用压缩空气来清洁。空调的滤芯非常容易沾上粉尘，用高压枪等工具吹去粉尘即可，千万不能用水清洗，否则会导致空调滤芯损坏甚至报废。使用一段时间后，空调滤芯内的活性炭功能会减退，因此需要更换空调滤芯。

2）空调滤芯禁止用水清洗。

3）空调滤芯安装时，注意其安装方向，切勿反向安装。

4）空调滤芯如果沾上油污则不能继续使用，必须更换新的空调滤芯。

空调滤清器的检查与更换

任务技能点：汽车空调滤芯的检查与更换

1. 准备工作

防护：
工作服、劳保鞋

设备及零部件：
实车、空调滤芯、吹尘枪

准备工作

工具：
十字螺钉旋具、一字螺钉旋具等

辅料：
三件套、翼子板布、无纺布

2. 检查与更换说明

1）查阅手册，确定汽车空调滤芯的位置。空调滤芯的位置如图 3-39 所示。

图 3-39 空调滤芯的位置

2）车辆驶入工位，铺设三件套及翼子板布，打开前机舱盖，如图 3-40 所示。

3）将杂物箱拉开，清理杂物箱内杂物，断开杂物箱阻尼器，两手将杂物箱向外拉出，取下杂物箱，如图 3-41 所示。

4）空调滤清器在杂物箱的后面，需要将盖板取下。取下盖板，将空调滤清器取出，如图 3-42 所示。

图 3-40　三件套与翼子板布

图 3-41　取出杂物箱

　　5）检查空调滤清器是否破损以及灰尘污染程度，用吹枪清洁空调滤芯，如有必要更换新的空调滤芯。

　　6）安装新的空调滤芯时，注意滤芯的安装方向，黑色面向上，箭头方向向下，如图 3-43 所示。

图 3-42　取出空调滤清器

图 3-43　滤芯方向标记

　　7）更换新的空调滤清器。在安装空调滤清器时，注意空调滤清器的安装位置，带箭头的一面应朝上安装。安装空调滤清器后安装空调盖板，注意将盖板按压到底，如图 3-44 所示。

　　8）将杂物箱安装到指定位置，轻推杂物箱使其安装到位，再安装杂物箱阻尼器（图 3-45），并将杂物箱物品放回，关闭杂物箱即可。

图 3-44　按压到底

图 3-45　安装杂物箱阻尼器

　　9）做好 6S 整理，放下前机舱盖，空调滤芯检查更换完毕。

　　（三）任务评价反馈

　　1. 小组自评

　　小组自评表（表 3-2）能够让小组成员对各自的信息检索能力、任务认知程度、参与状态、学习方法和工作过程等方面进行评价，从记忆、领会、应用、分析、反馈全方位评估自己对知识的学习及掌握情况。

表 3-2　小组自评表

班级		组名		日期	
评价指标	评价要素			分值	分值评定
信息检索能力	能有效地利用网络资源、工作手册查找有效信息;能用自己的语言有条理地表述所学知识;能将查找到的信息有效地转化到工作中			10	
任务认知程度	熟悉自己的工作岗位,认同工作价值;在工作中,能获得满足感			10	
参与状态	与教师、同学之间相互尊重、理解、平等;与教师、同学之间能够保持多向、丰富、适宜的信息交流			10	
	探究学习、自主学习不流于形式,处理好合作学习和独立思考的关系,做到有效学习;能够提出有意义的问题或能发表个人见解;能按要求正确操作;能够倾听、协助分享			10	
学习方法	工作计划、操作技能符合规范要求;获得了进一步发展的能力			10	
工作过程	遵守管理规程,操作过程符合现场管理要求;平时上课的出勤情况和每次完成学习任务情况良好;善于多角度思考问题,能主动发现、提出有价值的问题			15	
思维状态	能发现问题、提出问题、分析问题、解决问题			10	
自评反馈	按时、按质完成学习任务;较好地掌握了专业知识点;具有较强的信息分析能力和理解能力;具有较为全面严谨的思维能力并能条理清晰地表述			25	
自评分值					
有益的经验和做法					
总结反思建议					

2. 小组互评

小组互评表（表 3-3）能够让小组成员从信息检索能力、任务认知程度、参与状态、学习方法和工作过程等方面对其他小组进行评价,通过互相评价环节,学习其他小组的长处,弥补自己小组的不足。

表 3-3　小组互评表

班级		被评组名		日期	
评价指标	评价要素			分值	分值评定
信息检索能力	该组能有效利用网络资源、工作手册查找有效信息			5	
	该组能用自己的语言有条理地去理解、表述所学知识			5	
	该组能将查找到的信息有效转化到工作中			5	
任务认知程度	该组能熟悉各自的工作岗位,认同工作价值			5	
	该组成员在工作中能获得满足感			5	
参与状态	该组与教师、同学之间相互尊重、理解、平等			5	
	该组与教师、同学之间能够保持多向、丰富、适宜的信息交流			5	
	该组能处理好合作学习和独立思考的关系,做到有效学习			5	
	该组能提出有意义的问题或能发表个人见解,按要求正确操作,能够倾听、协助分享			5	
	该组能积极参与学习任务,并在过程中综合运用信息技术的能力得到提高			5	

（续）

评价指标	评价要素	分值	分值评定
学习方法	该组工作计划、操作技能符合规范要求	5	
	该组获得了进一步发展的能力	5	
工作过程	该组遵守管理规程,操作过程符合现场管理要求	5	
	该组平时上课的出勤情况和每次完成学习任务情况良好	10	
	该组善于多角度思考问题,能主动发现、提出有价值的问题	5	
思维状态	该组能发现问题、提出问题、分析问题、解决问题	10	
自评反馈	该组能严肃认真地对待自评,并能独立完成自测试题	10	
自评分值			
简要评述			

3. 教师评价

教师评价的内容主要包括小组出勤情况、信息收集能力、计划制订是否完善、工作过程是否规范等,见表3-4,能够帮助学生更好地理解学习任务,促进对任务知识点、技能点的消化和吸收。

表3-4　教师评价表

班级		组名		姓名	
出勤情况					
评价指标	评定要素			分值	分值评定
理想信念	有坚定的理想信念,热爱祖国			5	
	坚持正确的政治方向,政治积极向上			5	
	坚持社会主义核心价值观			5	
	在实操过程中体现劳动精神、工匠精神			5	
	具备良好的职业道德和环保意识			5	
道德品质	遵守公共场所的管理规定,自觉维护公共秩序和社会公德			5	
	在公共场所举止文雅,文明礼貌			5	
	爱护公物,保护公共设施			5	
	积极参加社会公益活动			5	
信息检索	能够顺利完成教师安排的任务,快速找到有效信息,并转化到工作中去			5	
任务认知	能够读懂文字的表达内容			5	
	能够满足岗位工作要求,掌握工作流程,熟悉注意事项			5	
参与状态	与教师、同学之间相互尊重、理解			4	
	能够做到独立思考、表达自己想法			4	
	能够按照要求正确操作、能够倾听对方表达的内容,乐于分享			4	
学习方法	能够按照工作内容的紧急情况合理地制订计划			4	
	能够按要求完成工作计划,且操作符合规范			4	
工作过程	操作符合安全规定			5	
	操作符合流程规范			5	
	能够协助他人完成工作			5	
思维状态	工作过程思维清晰,对工作结果能够正确预判,对其他相关工作有帮助			5	
师评分值					
综合评价					

三、任务拓展信息

新能源汽车整车热管理系统

燃油车热管理系统主要包括空调制冷系统和以发动机为热源的座舱暖风系统，其主要零部件包括机械式空调压缩机、膨胀阀、蒸发器、冷凝器以及发动机暖风系统等。新能源汽车（电动汽车）热管理系统包括座舱，动力蓄电池，电机、电控及电子功率件的热管理。

1. 新能源汽车整车热管理系统

新能源车汽车整车热管理系统=动力蓄电池热管理+座舱热管理+电机、电控及电子功率件热管理。

动力蓄电池热管理：动力蓄电池作为汽车核心部件，它的温度是影响汽车安全及性能的关键因素（最佳工况温度在20~35℃），过高或过低（低于0℃）对动力蓄电池的使用寿命存在负面影响。在动力蓄电池充放电过程中，温度过低可能造成动力蓄电池容量和功率的急剧衰减以及动力蓄电池短路；温度过高则可能造成动力蓄电池分解、腐蚀、起火，甚至爆炸。动力蓄电池需配合复杂的动力蓄电池热管理系统维持工况温度，此系统是电动汽车相比燃油车完全新增的部分。

座舱热管理：不论是新能源汽车还是燃油汽车，都致力于满足终端消费者日益上升的舒适性需求，汽车座舱的热管理技术也变得尤为重要。对于制冷，新能源汽车与传统汽车原理相近，差异在两点，一是传统汽车压缩机可由发动机驱动，而纯电动汽车由于动力源变为动力蓄电池，需使用电动压缩机；二是联结方案上，传统汽车动力系统与空调制冷过程较独立，而纯电动汽车动力蓄电池与空调制冷系统通常联结。对于制热，传统汽车空调系统加热借助发动机的余热，纯电动汽车需借助PTC加热（冬季使用时续驶里程受较大影响），未来使用制热效率更高的热泵系统是趋势。

电机、电控及电子功率件热管理：在新能源车高电压电流运作环境、智能驾驶技术日益复杂的背景下，电机、电控及电子功率件等耐受温度低的部件对散热要求高，需额外添设冷却装置。

现代纯电动汽车的热管理系统非常重要，尤其在冬季，优秀的热管理系统可增加纯电动汽车15%~18%的续驶里程。PTC结构简单、成本低，是目前汽车市场主流的制热部件，但其存在能耗高的先天缺陷。热泵虽然存在一定的技术壁垒，但是常温下能效比（COP）超过2，理论能耗仅为PTC的一半左右，但是以R134a为冷媒的热泵系统在低温环境下的制热效果较差，仍需PTC辅热，热泵与PTC对比见表3-5。

表 3-5　热泵与 PTC 对比

参数	热泵空调	PTC 加热
工作机制	车外吸热运入车内	半导体加热
主要零部件	电动压缩机，四通/八通阀、换热器	电动水泵、PTC 加热器、储液罐、暖风芯体
特点	节能但在低温环境下制热条件差，需要 PTC 加热辅助	温度使用范围广、耗电
价格	高	低

目前使用最广的制冷剂为 R134a，更环保的 R1234yf 冷媒热泵可兼容现有热泵主要零部件，技术替代成本低。R744（二氧化碳）冷媒热泵在低温情况下的制热效果更优，但需要对系统进行耐高压的重新设计，技术替代成本较高，这也是限制该技术量产上车的主要桎梏。但受 R744 极低成本的驱动，目前业内已有部分企业开始布局该冷媒，未来极可能成为主流技术方向之一。CO_2 作为一种较新型的空调制冷剂，由于其化学性质与传统制冷存在较大的差别，因此其运行条件也与传统制冷剂存在较大差异，对管路要求将会更严格。因能耗问题热泵将逐渐替代 PTC，未来热泵冷媒可能以 CO_2 为主。

2. 集成式热管理系统

新能源汽车热管理基本上分为 3 个阶段，现阶段基本处于 1 和 2 的阶段，大部分新能源汽车动力蓄电池、电机、电控和座舱是单独的系统，少部分车企已经通过核心部件将三电和座舱打通，实现整车一体化热管理。

第 1 阶段：分散式热管理

动力蓄电池、电机、电控和空调系统回路彼此独立，各自有一套完整的温控和管路系统。但能量利用不充分，同时系统管路复杂、零部件多、制造和维护费时。

第 2 阶段：集成式热管理

利用多通道阀门或管路，将蓄电池、电机、电控和空调系统中某些或全部回路连通，形成一个循环回路。热管理控制器根据各部件的温控需求，统筹热量管理，减少能量的浪费。但系统集成度高，控制复杂，控制难度较大。

第 3 阶段：智能化热管理

热管理系统功能一体化、结构模块化、控制智能化，实现整车能耗最低和能量最优分配的终极目标。

热泵作为未来主流的集成式热管理的核心部件，其运行方式就像空调系统，但是在运行顺序上却截然相反。它的一套系统由空调压缩机、冷凝器、膨胀阀、气液分离器、储液器等组成。气体以低温、低压的状态进入压缩机，将气体制冷剂压缩成为高温、高压的气体，随后进入冷凝器，冷凝器开始冷却，使其成为液态，当空气吹过冷凝器，进入机舱用以加热机舱，这样就可以把热量带走，离开冷凝器的高温高压液体并不会产生过多的热量，随后液体通过膨胀阀（膨胀阀可以控制液体的流速），极大地降低了液体的压力。液体通过蒸发器流动，外部空气吹过蒸发器并对其进行加热，液体吸收热量并转化为气体，随后循环重复进行。

实现集成式热管理需要一个核心部件——阀岛（控制阀），根据小鹏 P7 后驱版的实车分析，整理其整车热管理系统总体原理图如图 3-46 所示，零部件清单见表 3-6。

表 3-6　热管理系统零部件清单

零部件名称	零部件数量	备注
电子水泵	3 个	驱动电机、动力蓄电池、座舱三者独立
三通阀	2 个	
四通阀	1 个	
电子膨胀阀	1 个	动力蓄电池侧
电磁膨胀阀	1 个	座舱侧
PTC	1 个	
ACCM	1 个	

（续）

零件部名称	零部件数量	备注
AGS	1个	
驱动电机散热器总成	1个	
冷凝器总成	1个	
蒸发器总成	1个	
暖风芯体总成	1个	
双芯体换热器	1个	
膨胀管总成	1个	驱动电机、动力蓄电池、座舱三者公用

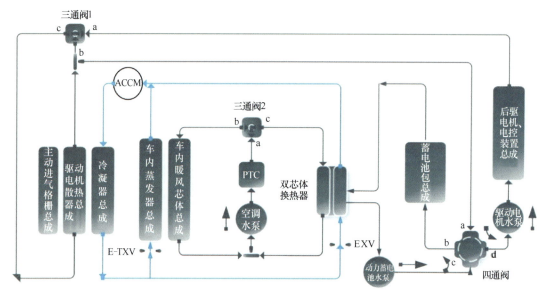

图 3-46　整车热管理系统总体原理图

1. 座舱制冷、或动力蓄电池制冷、或后驱驱动电机装置散热工况

该工况下，四通阀分别是 a 与 d 连通，c 与 b 连通，实现驱动电机回路与动力蓄电池回路互相独立运行工作，而三通阀 1 则是 a 与 c 连通，主要流向如图 3-47 所示。

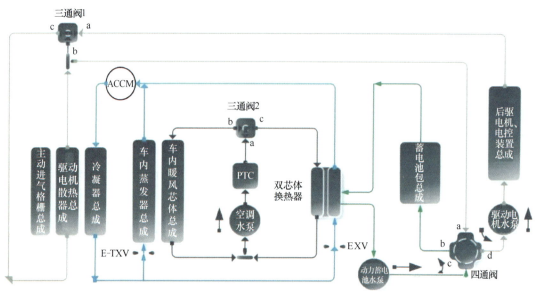

图 3-47　座舱制冷、或蓄电池制冷、或后驱电机装置散热工况

2. 后驱驱动电机余热回收工况

该工况下，四通阀分别是 a 与 b 连通，c 与 d 连通，实现驱动电机回路与动力蓄电池回路串联运行工作，从而将驱动电机余热带进蓄电池包预热动力蓄电池，主要流向如图 3-48 所示。根据以往的驱动电机余热回收测试经验，此工况在冬季低温环境下（-10℃）可回收利用的热量非常有限，更适合于春秋季，气温不高不低（如 5～15℃）的工况下，实现动力蓄电池温度有一个更佳的工作区间。

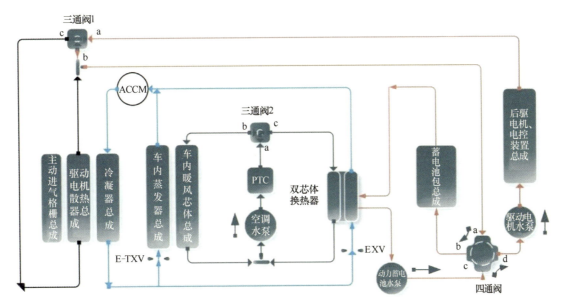

图 3-48　后驱电机余热回收工况

3. 座舱或电池加热工况

该工况下，四通阀与第一个工况类似，四通阀分别是 a 与 d 连通，c 与 b 连通，实现驱动电机回路与动力蓄电池回路互相独立运行工作。此时三通阀 2 则是 a 与 c 连通来实现动力蓄电池加热，a 与 b 连通实现座舱采暖需求，主要流向如图 3-49 所示。

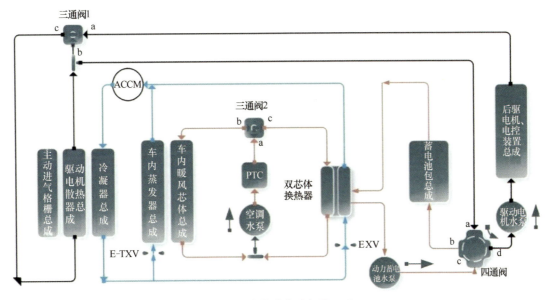

图 3-49　座舱或电池加热工况

学习任务 4

汽车空调控制系统的检修

一、任务说明

任务描述	一款丰田卡罗拉轿车空调出现故障进站维修。车主反映，其空调系统出现间歇性不制冷故障现象，车主要求维修技术人员尽快解决问题。
任务所属 模块课程	• 空调与舒适系统检修 • 新能源汽车空调系统检修
任务对应 工作领域	• 汽车电子电气与空调舒适系统工作领域 • 新能源汽车空调舒适系统技术工作领域
育人目标描述	
1. 增强学生团队及合作意识，强调养成良好学习习惯的重要性 2. 培养严肃认真，精益求精的工作习惯	
职业技能（能力）要求描述	
行为	能够完成汽车空调控制系统部件的检修作业
条件	车辆/设备：丰田卡罗拉轿车、压缩机总成
	工具及场地要求：维修工位 4 个、原车配套维修手册 4 本、原车配套电路图 4 本、工具箱（内包含扳手、棘轮、套筒、钳子等通用手动工具）4 个、零件车 4 个、工作灯 4 个、手套若干、护目镜若干、风速仪 4 个、维修工作台 4 个、诊断仪 4 个
标准与要求	1. 树立分析问题、解决问题的信心 2. 提高沟通协调、团队合作的能力 3. 强化安全生产、规范操作的意识 4. 培养爱护环境、节约资源的意识 5. 能够描述汽车空调常用控制装置、保护装置的结构与工作原理 6. 能够分析汽车空调常用的控制电路，并独立分析典型车系的空调电路图 7. 能够检测汽车空调常用控制装置、保护装置
成果	能够检修空调控制系统中各传感器、执行器以及控制单元等零件的故障

二、任务学习与实施

（一）任务引导与学习

➤ 引导问题 1：如图 4-1 和图 4-2 所示，目前，汽车空调制冷剂压力开关类型分为：
_____、_____、_____和_____。其中最常用的为
_____，其作用是_____。

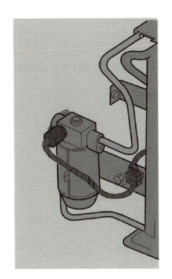

图 4-1　安装在空调管路上的高压
压力开关和低压压力开关

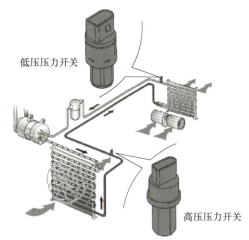

图 4-2　安装在空调管路上的三位压力开关

> 引导问题 2：如图 4-3 所示，目前最常用的检测空调制冷剂压力的部件为_____，其工作机理为_____。

> 引导问题 3：电磁离合器是汽车空调自动控制系统中的执行部件，受温度开关（恒温器）、压力开关（压力继电器）、车速继电器和电源开关等元件的控制，它一般装在压缩机前端。电磁离合器的种类可分为_____和_____两种。

图 4-3　安装在空调管路上的传感器

> 引导问题 4：简述继电器的检测方法。

_____

_____

_____

知识链接

为了使汽车制冷系统能正常运行，且当制冷系统出现故障时不致损坏整个制冷系统和压缩机，并能使车内温度维持在预先设定的温差范围内，制冷系统设有保护和控制装置。

1. 汽车空调制冷剂压力开关与压力传感器

（1）高、低压保护开关　现代汽车空调系统一般都装有各种形式的压力开关。设置压力开关的作用有两个：一是压力控制，二是系统保护。这些开关装在空调管道上或储液干燥器上，用来感测系统的工作压力，一旦压力异常，压力开关就会打开或闭合。为了加强散热效果，这时空调系统会自动切断压缩机电磁离合器线圈的供电或控制冷却风扇，防止损坏系统部件。常见压力开关主要有以下 4 种：低压压力开关、高压压力开关、高低压压

汽车空调制
冷剂压力开
关的类型
与作用

力开关和三位压力开关。

1）低压压力开关。

图 4-4 所示为低压压力开关的结构。空调系统因某些原因造成制冷剂泄漏时，如果开启空调系统将会因制冷剂严重不足或没有制冷剂而引起压缩机润滑不良，使压缩机损坏。为此，一般在高压管路中设有低压压力开关。常见的低压压力开关位于制冷系统的高压端，一般安装在储液干燥器上。它的主要作用是保护压缩机在制冷系统泄漏、压力过低情况下不空转，避免压缩机因缺乏润滑油而损坏。空调工作时高压端压力过低，一般情况下说明系统存在泄漏。

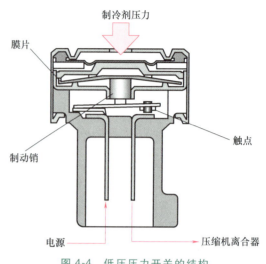

图 4-4　低压压力开关的结构

低压压力开关还可以起到环境低温保护的作用。当环境温度较低时，低压压力开关断开，切断离合器电源，防止空调在低温环境下工作。这个作用的原理较简单，当环境温度较低时，制冷剂对应的压力也低，这时低压压力开关断开，空调不能启动。

还有一种低压压力开关设在低压回路，感受吸气压力的变化，其原理是当低压压力低于某一规定值时，接通高压旁通电磁阀，使部分高压蒸气直接进入蒸发器，以达到除霜的目的。

2）高压压力开关。高压压力开关的结构如图 4-5 所示。它主要由接头、膜片、固定触点、活动触点、弹簧、接线柱等组成。高压压力开关一般安装在干燥过滤器与膨胀阀之间的高压管路上，其作用是防止制冷系统在异常高压下工作。若系统高压过高，它将自动切断电磁离合器回路，使压缩机停机，以加强散热，尽快降低系统的温度和压力，保护制冷系统零部件（特别是压缩机）不被损坏；有的高压压力开关还同时接通冷凝器风扇高速档电路，自动提高风扇转速，以降低冷凝器的温度和压力。

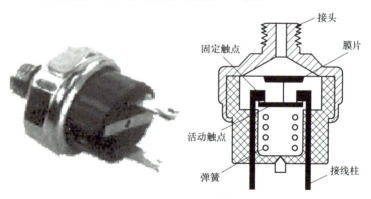

图 4-5　高压压力开关的结构

3）高低压压力开关。高低压压力开关又称为双重压力开关。它将高压压力开关和低压压力开关装在一个壳体内，同时具有低压压力开关和高压压力开关的功能，安装在高压回路中，其结构如图 4-6 所示。当系统内制冷剂的压力正常时，双重压力开关的触点闭合

（图 4-6a）；若系统制冷剂泄漏致使压力过小或已没有制冷剂循环时，双重压力开关中的低压开关动作，切断压缩机电磁离合器电源，以保护压缩机免受破坏（图 4-6b）；若由于散热不良或制冷剂过多等原因而使系统压力超过设计值时，双重压力开关中的高压开关动作，切断压缩机离合器电源（图 4-6c）。

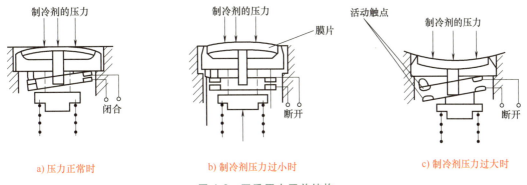

a) 压力正常时　　　　　　b) 制冷剂压力过小时　　　　　　c) 制冷剂压力过大时

图 4-6　双重压力开关结构

4）三位压力开关。为了减少压力开关的数量和接口，以进一步减少制冷剂泄漏的可能，使空调结构更加紧凑，目前很多汽车空调采用三位压力开关。这种压力开关由高、低压压力开关（双重压力开关）和一个中压力开关组成，装在制冷系统高压侧的储液干燥器上，接收高压侧制冷剂压力信号。三位压力开关如图 4-7 所示。

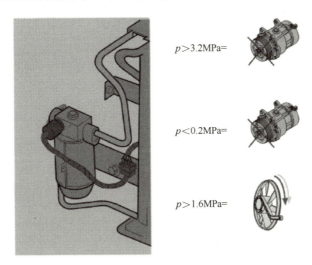

$p>3.2MPa=$

$p<0.2MPa=$

$p>1.6MPa=$

图 4-7　三位压力开关

① 三位压力开关的作用。

a. 防止因系统制冷剂泄漏，高压压力过低而损坏压缩机。

b. 当系统内制冷剂异常、高压时保护系统绝不受损坏。

c. 在正常状况下，冷凝器风扇低速运转，实现低噪声，节省动力；在系统压力高时（即中压时）风扇高速运转，以改善冷凝器的散热条件，实现风扇二级变速。三位压力开关的结构及工作过程如图 4-8 所示。

② 三位压力开关工作过程（以 R134a 制冷剂为例）。

a. 制冷剂压力≤0.19MPa，如图 4-8a 所示。此时由于弹簧的弹力大于制冷压力，高、低压触点断开，压缩机停转，实现低压保护。

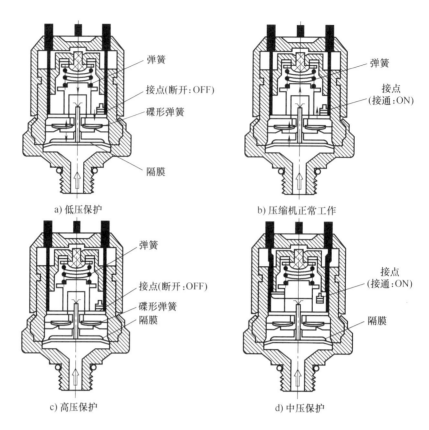

图 4-8　三位压力开关的结构及工作过程

b. 制冷剂压力为 0.2~3MPa 时，如图 4-8b 所示。此时制冷压力大于开关弹簧的弹力，弹簧挠曲，高、低压触点接通，压缩机开始运转。

c. 制冷剂压力 ≥3.14MPa，如图 4-8c 所示。此时制冷压力大于碟形弹簧的弹力，碟形弹簧反转使高、低压触点断开，压缩机停转，实现高压保护。

d. 中压压力开关，如图 4-8d 所示。当制冷压力大于 1.77MPa 时，此压力大于隔膜弹力而使隔膜反转，隔膜反转使轴上推而接通冷凝风扇的高速档位，实现中压保护。

5）压力开关的检测。

① 将歧管压力表组件和软管接到高、低压检修阀上。当系统中的制冷剂压力高于 0.21MPa 时，低压开关就应接通。否则为性能不良，应予以更换。

② 在制冷系统工作时，用纸板或其他板挡住冷凝器的散热，以恶化其冷却效果，这时冷凝器的温度会逐渐升高；当高压侧压力达到 2.1~2.5MPa 时，电磁离合器应立即断电，然后拿开纸板；待高压侧压力降低到 1.9MPa 时，电磁离合器应立即通电，使压缩机工作。否则，为性能不良。

③ 高压压力开关的触点是常闭式的，用万用表测量其两个接线端，如果是断路，说明已损坏，如果电阻为零，则说明性能良好。

④ 低压压力开关的触点在没有压力的作用下是常开的，用万用表测量其两接线端，如果性能正常，应该是断路，否则为性能不良。

⑤ 在有压力的情况下，检测压力开关准确度较高。低压压力开关一般在 0.2MPa 左右时触点闭合；高压压力开关在 2.65MPa 左右时触点断开。

压力传感器
的工作机理

过热保护
装置的作
用与类别

（2）**压力传感器**　高档轿车用压力传感器来感测系统压力（图 4-9），测量压力是否正常。它的结构与歧管压力传感器类似，一般为压敏电阻式。当空调制冷剂压力较低时，信号值接近 0V；当空调制冷剂压力较高时，信号值接近 5V。此传感器除用于压力控制外，还作为冷凝器风扇的控制信号，其功能主要有：

1）压力过高或过低时，使压缩机停止运转。

2）压力达到一定值时，加快冷凝器风扇的运转速度。

图 4-9　东风本田思铂睿空调
系统压力传感器安装位置

2. 过热保护装置

当制冷系统缺少制冷剂时，若压缩机继续工作，将会因缺少润滑及过热而损坏。过热开关在上述情况下接通热力熔断器电路，熔丝熔化断路，使压缩机停止工作，起到自动保护的作用。

（1）**过热开关**　过热开关安装在压缩机缸盖里面，是一种温度-压力感应开关。在正常情况下，此开关处于断开位置，如图 4-10 所示。动触点安装在膜片上方，感温管内的气体压力作用在膜片下方。当系统处于正常状态时，膜片总成使动触点离开接线柱，过热开关保持常开。当系统因泄漏等原因导致制冷剂不足时，压缩机温度异常升高，感温管内的气体膨胀并推动膜片向上，使过热开关闭合，接通热力熔断器电路。

（2）**热力熔断器**　热力熔断器是与过热开关配合工作的，如图 4-11 所示。它由温度感应熔丝和线绕电阻器（加热器）组成。当过热开关闭合时，通向过热开关的电流通过热力熔断器中的加热器，使加热器温度升高，直到把熔丝熔化，使电磁离合器电路断路，压缩机停止工作。因为熔化熔丝需要一定的时间，所以短时间（一般约 3min）内的高温现象是不起作用的。短时间的异常过热不足以对系统工作产生影响。

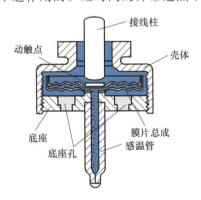

图 4-10　过热开关

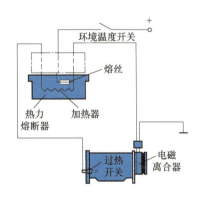

图 4-11　空调过热保护装置示意图

（3）**控制继电器**　汽车空调控制电路中有各种类型的继电器，其作用是控制各种功能并减少流入控制开关的电流，延长开关的使用寿命。一般继电器分为常开型和常闭型两种。空调继电器如图 4-12 所示。空调继电器内部电路如图 4-13 所示。

常开型继电器一般用于电磁离合器的控制、冷凝器风扇的控制和怠速提升装置控制等。常闭型继电器用在有控制电流流过触点就断开的电路上。例如，将空调电源继电器串

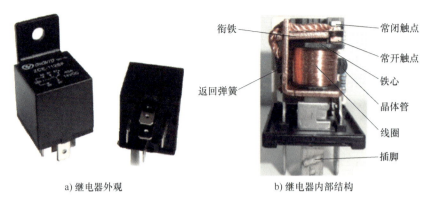

a) 继电器外观　　　　　　　b) 继电器内部结构

图 4-12　空调继电器

接在启动电路中，只要汽车开关处于启动位置，此继
电器的触点就断开，保证汽车起动时空调不能工作。
常闭型继电器的机构与常开型继电器相似，仅铁心动
作相反，在继电器电磁线圈通电的情况下动作，使触
点分开或吸合。

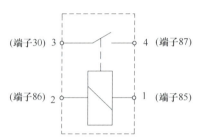

图 4-13　空调继电器内部电路

继电器的检查方法如下：

1）线圈的检查。将万用表拨至 200Ω 档，然后将
两表笔分别与线圈端子 85 和 86 接触（图 4-13），测量线圈的电阻值。如果电阻值为 75~
80Ω，说明线圈正常；如果电阻值为 ∞，说明线圈断路；如果电阻值过小，说明线圈
短路。

2）常开触点的检查。给线圈供电（端子 85 接 12V 直流电，端子 86 接地），将万用
表拨至 200Ω 档，然后将两表笔分别与常闭触点端子 30 和 87 接触（图 4-13），测量触点
电阻值。当万用表显示阻值≤1.4Ω 时，说明触点正常；当电阻值为 ∞ 时，说明触点烧蚀
或继电器不吸合。

（4）电磁离合器　除大型独立式汽车空调机组以外，一般汽车空调压缩机都是通过电
磁离合器与发动机主轴作用的。压缩机的开与停都是由电磁离合器的吸合与释放决定的，
因此电磁离合器是汽车空调自动控制系统中的执行部件，受温度开关、压力开关、车速继
电器和电源开关等元件的控制，一般安装在压缩机前端。

电磁离合器由离合器吸盘、带盘（转子）及电磁线圈等组成，其分解图如图 4-14
所示。

电磁离合器有固定线圈式和旋转线圈式两种，前者的电磁线圈固定在压缩机壳体上不
转动，后者的电磁线圈与带盘连在一起是转动的。

① 固定线圈式电磁离合器。固定线圈式电磁离合器的结构如图 4-15 所示。

电磁线圈安装在压缩机端盖上不转动，转子靠轴承和卡簧保持在电磁线圈上面，转子
的外部即为带盘。衔铁（离合器板）装在压缩机曲轴的端头。固定线圈式电磁离合器主要
由带轮、电磁线圈、压力盘、轴毂总成组成，电磁线圈的一端搭铁，另一端经空调继电器
与电源相连。当接通空调开关时，空调继电器接通，压缩机的电磁线圈通电，产生较强的
磁场，使压缩机的电磁离合器从动盘和自由转动的带轮吸合，从而驱动压缩机主轴旋转，

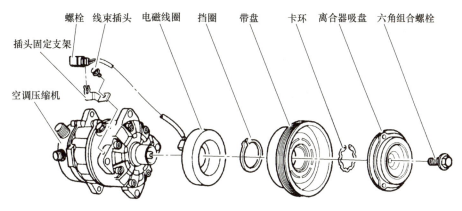

图 4-14　电磁离合器分解图

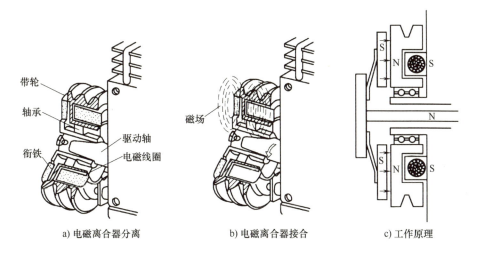

图 4-15　固定线圈式电磁离合器

制冷系统工作。空调继电器断电时，切断了电磁离合器线圈中的电流，磁场消失，此时靠弹簧作用把从动盘和带轮分开，使压缩机停止工作。

② 旋转线圈式离合器。其工作原理与固定线圈式离合器相同，但电磁线圈的位置不同。在旋转线圈式结构中，电磁线圈是转子的一部分，与转子一起转动，电流通过装在压缩机上的电刷流到电磁线圈中，建立磁场。磁场使衔铁与转子接触，由衔铁、转子和线圈组成的整个电磁离合器的装置的转动带动压缩机的转动。

这两种电磁离合器在衔铁及转子上都开有几条集流槽，以利于聚集磁场，增加两者的吸引力。

🚗 情智链接

汽车空调系统的正常运行，需要控制单元（ECU）进行整体策略控制。控制策略是整车的控制方法与流程，需要整车按照此方法规则工作。在日常生活中，必须遵守学校纪律，做遵纪守法的好公民。

➢ **引导问题 5：**蒸发器温度控制器简称＿＿＿＿＿＿＿＿＿＿＿＿＿＿＿，又称恒温器，是汽车空调系统中控制温度的一种开关元件，通过蒸发器表面温度、车内温度、大气温度等

（一般认为温度控制器感受的是蒸发器的表面温度）来控制压缩机的起与停，一般安装在_____。

➤ **引导问题 6：**_____式温控器又称为电子控制式温控器，这种温控器具有反应迅速、控制精度高等优点，一般为_____温度系数热敏电阻，简称_____，即温度越高，阻值_____。

蒸发器温控器的作用与分类

 知识链接

蒸发器温度控制器简称温控器，又称为恒温器。除电-气动式温度控制装置外，一种最基本、最简单的温度控制装置是温度开关系统，它由恒温器和离合器回路组成。温度控制器是汽车空调系统中控制温度的一种开关元件，通过感受蒸发器表面温度、车内温度、大气温度等（一般认为温度控制器感受的是蒸发器的表面温度）来控制压缩机的起与停，起到调节车内温度及防止蒸发器结霜的作用。恒温器一般安装在蒸发箱中或靠近蒸发箱的冷气控制板上。

为了充分发挥蒸发器的最大冷却能力，同时不致造成蒸发器表面的冷凝水（即除湿水）结冰、结霜而堵塞蒸发器换热片之间的空气通道，蒸发器表面的温度应当控制在 1~4℃ 范围内。温控器的作用是根据蒸发器表面温度的高低，接通和切断空调压缩机电磁离合器线圈电路，使蒸发器表面温度保持在规定的范围（一般为 1~4℃）内。

常用的温控器有波纹管式、双金属片式和热敏电阻式 3 种。

1. 波纹管式温度控制器

波纹管式温度控制器外形和结构如图 4-16 所示。控制开关上有一毛细管接到感温筒上，筒内充有制冷剂。毛细管的另一端通至波纹管。波纹管与可摆动的作用臂连接，作用臂的下端固定在框架上，并可绕框架上的固定螺钉摆动，上端有活动触点，并通过与固定触点的接通或切断来控制流向压缩机电磁离合器的电流。

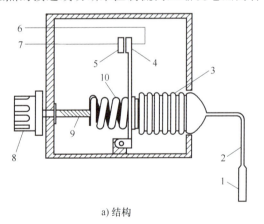
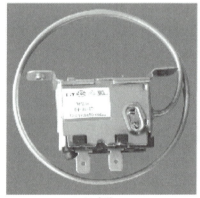

a) 结构　　　　　　　　　　　　　　　　b) 实物

图 4-16　波纹管式温度控制器

1—感温筒　2—毛细管　3—纹波管　4—活动触点　5—固定触点　6—接电磁离合器
7—接蓄电池　8—温度调整钮　9—调整螺钉　10—弹簧

2. 双金属片式温度控制器

这种温度控制器没有毛细管，直接靠空气通过表面进行工作。它的人工温度调整方法与波纹管式温度控制器相同。

双金属片式温度控制器的工作原理如图 4-17 所示。它由两片对温度变化胀缩程度不同的金属片组成，上面有一个动触点，壳体上有一个定触点。在设定温度范围内，双金属片平伸，触点闭合，电流接通，压缩机电磁离合器吸合。由于温度变化，这两片金属产生不同的变形而弯曲，使触点分开，中断电磁离合器的电流，使压缩机停止转动。

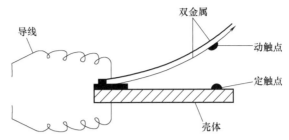

图 4-17　双金属片式温度控制器的工作原理

当冷空气通过温度控制器时，引起温度控制器的双金属片中的一片收缩成弓形。随着空气温度的不断降低，这片金属不断收缩，直到触点分开。当温度升高时，另一片金属受热伸长，把触点拉回。

双金属片式温度控制器结构简单、价格便宜，但由于它必须放在蒸发箱中，布置有一定困难，而波纹管式温度控制器用一根长的毛细管感应温度，温度控制器本体可布置在稍远的合适部位，布置方便。因此波纹管式温度控制器比双金属片式温度控制器应用广泛。

3. 热敏电阻式温度控制器

热敏电阻式温度控制器又称为电子控制式温度控制器，由热敏电阻式蒸发器温度传感器、电子放大电路、电磁离合器继电器等组成。这种温度控制器具有反应迅速、控制精度高等优点。图 4-18 所示为丰田航行者中型客车空调系统用热敏电阻式温度控制器电路，主要由热敏电阻式温度传感器、4 只晶体管（VT_1、VT_2、VT_3、VT_4）、电阻、电容和二极管等电子元件以及 1 个继电器组成。

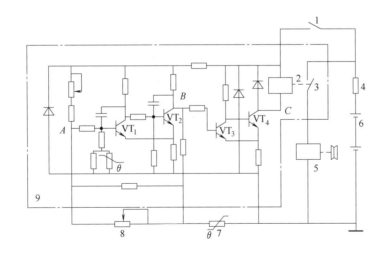

图 4-18　热敏电阻式温度控制器电路

1—点火开关　2—继电器磁化线圈　3—继电器触点　4—熔丝　5—压缩机电磁离合器线圈
6—蓄电池　7—热敏电阻　8—温度调节电位器　9—热敏电阻式温度控制器

热敏电阻式温度控制器采用负温度特性的热敏电阻，具有温度升高电阻值减小、温度下降电阻值增大的特点，其通常安装在蒸发器出风口一侧，如图 4-19 所示。

目前热敏电阻式温度控制器都采用了专用集成电路模块，其电路大大简化，安装调试更加方便，且提高了可靠性，但其基本工作原理是相同的。

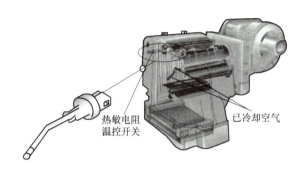

热敏电阻温控开关

已冷却空气

图 4-19　安装在蒸发器出风侧的热敏电阻

 情智链接

由于车型的不同，车内所装的空调系统也有所不同，汽车空调系统种类繁多，电路形式多样，因此空调系统控制电路由简单到复杂、由单一功能控制到多功能控制也有所不同，但是其电气系统都是有一定的规律可循。汽车空调系统有压缩机、冷凝器、膨胀阀、蒸发器及鼓风机等主要部件，所以在分析电路时，只要分成蒸发器风机控制、冷凝器风扇控制、温度控制（压缩机控制）、通风系统控制和保护电路等即可清楚地了解空调系统的电路控制原理。同学们要善于找出技术、技能点的学习规律与技巧，学会从事物发展的规律认知、有逻辑性地学习知识点，以加强学习效果。

➤ 引导问题 7：图 4-20 所示为_____部件，其是_____。

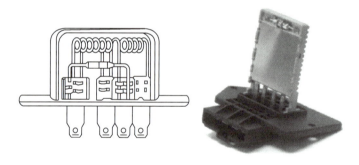

图 4-20　部件图

➤ 引导问题 8：对于各种电路的分析，你的感触是什么？

_____

_____

_____

_____

 知识链接

汽车空调系统种类繁多，电路形式多样，因此空调系统控制电路由简单到复杂，由单一功能控制到多功能控制也有所不同，但是其电气系统都有一定的规律可循。汽车空调系统有压缩机、冷凝器、膨胀阀、蒸发器及鼓风机等主要部件，在分析电路时，只要分成蒸发器风机控制、冷凝器风扇控制、温度控制（压缩机控制）、通风系统控制和保护电路等即可清楚地了解空调系统的电路控制原理。

鼓风机控制
电路的分析

1. 鼓风机控制电路分析

汽车空调系统的蒸发器采用直接蒸发式的结构，这种结构由换热器和鼓风机组成。鼓风机将车内的空气吸出，强制气流流过蒸发器空气侧，气流将蒸发器内液态制冷剂蒸发时产生的冷量带入车内。

要使车厢内有一个舒适的环境，除了要控制送风温度外，还应根据环境变化和乘员的不同需要，控制鼓风机的转速，以控制送风速度。鼓风机转速的控制方式有以下 3 种。

（1）鼓风机开关和调速电阻控制　这种控制方式由鼓风机开关和调速电阻两部分组成，调速电阻一般装在空调蒸发器组件上，利用气流进行冷却；鼓风机开关一般装在控制面板内，设置不同档位，供调速用。在设置时，鼓风机开关既可以控制电源正极又可以控制鼓风机搭铁电路。调节鼓风机开关，改变调速电阻接入方式，改变鼓风机电路中的电流可以调节鼓风机转速。

鼓风机的控制档位一般有 2、3、4、5 速 4 种，最常用的是 4 速，如图 4-21 所示。

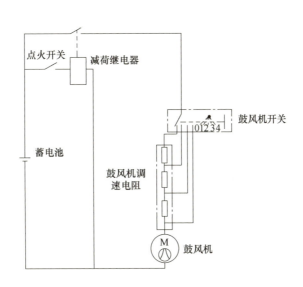

图 4-21　鼓风机控制电路

鼓风机开关处于 1 位时，鼓风机电路中串入 3 个电阻，鼓风机低速运转；鼓风机开关处于 2 位时，鼓风机电路中串入两个电阻，鼓风机中低速运转；鼓风机开关处于 3 位时，鼓风机电路中串入 1 个电阻，鼓风机中高速运转；鼓风机开关处于 4 位时，鼓风机电路中不串入电阻，鼓风机以最高速运转。

需要说明的是，调速电阻一般装在蒸发器组件上，利用气流进行冷却，其外形如图 4-22 所示。

（2）晶体管控制　现代中、高档轿车为实现风速的自动控制，一般用大功率晶体管控制鼓风机的转速。如图 4-23 所示，空调自动控制器根据车内温度传感器信号、车外温度传感器信号和其他信号计算并输出一个控制信号给大功率晶体管的基极，大功率晶体管根

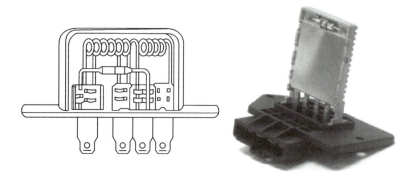

图 4-22　调速电阻外形

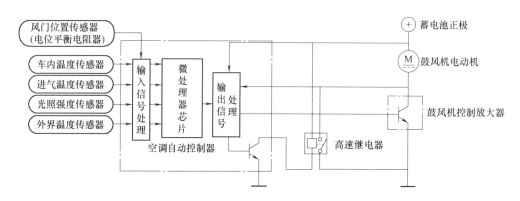

图 4-23　晶体管控制的鼓风机电路

据基极电流的不同控制鼓风机使其产生不同的转速。空调处于制冷状态时，如果车内温度比所选定的温度高很多，鼓风机将高速运转；如果车内温度降低，鼓风机将低速运转。空调处于取暖状态时，如果车内温度比所选定的温度低很多，鼓风机将高速运转；如果车内温度上升，鼓风机将低速运转。

（3）晶体管与调速变阻器组合控制　鼓风机控制开关有自动（AUTO）档和不同转速的人工选择模式，如图 4-24 所示。当鼓风机

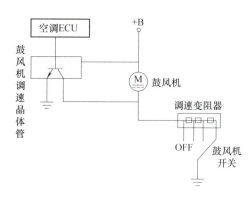

图 4-24　晶体管与调速变阻器组合控制

转速控制开关设定在 AUTO 档时，鼓风机的转速由空调 ECU 根据车内、车外温度及其他传感器的参数控制。若按动人工选择模式开关，则空调电路取消自动控制功能，执行人工设定功能。

2. 冷凝器风扇控制电路的分析

汽车空调系统的冷凝器将车内的热量排向大气，其由换热器和鼓风机组成。

对于一般客车，冷凝器不装在散热器前，需单独设置冷凝器风扇。冷凝器风扇一般只受空调开启信号控制。轿车空调的冷凝器一般装在散热器前，散热器和冷凝器共用冷却风扇，一般根据冷却液温度信号和空调信号共同控制，同时满足散热器散热和冷凝器散热需要。下面分析一些较典型的冷凝器风扇电路。

冷凝器风扇控制电路的分析

94

（1）空调开关直接控制 这种控制电路比较简单，如图4-25所示。空调开关置于ON位置时，冷凝器风扇继电器线圈通电，继电器触点闭合，冷凝器风扇高速运转，同时压缩机电磁离合器通电工作。

（2）空调开关和冷却液温度开关联合控制 有些汽车的发动机冷却系统和空调冷凝器共用一个冷却风扇进行散热，如图4-26所示。这种风扇有低速和高速两种转速，分别受空调继电器和高速风扇继电器控制。控制冷凝器风扇的信号是空调开关和冷却液温度开关。

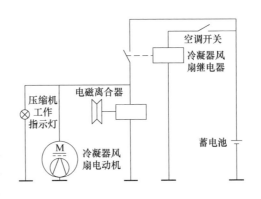

图4-25 空调开关直接控制的冷凝器风扇电路

当空调开关接通时，空调继电器通电，触点闭合，电流经调速电阻进入冷凝器风扇电动机，风扇低速运转；不开空调时，当冷却液温度达到96℃时，双温开关的低温触点闭合，冷凝器风扇低速运转；当发动机冷却液温度升至105℃时，双温开关的高温触点闭合，高速风扇继电器通电，风扇高速运转，以加强散热。

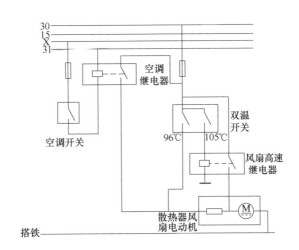

图4-26 空调开关和冷却液温度开关联合控制的冷凝器风扇电路

（3）制冷剂压力开关与冷却液温度开关联合控制 目前很多轿车采用制冷剂压力开关和冷却液温度开关组合的方式对冷却风扇进行控制。丰田雷克萨斯LS400轿车冷却风扇控制电路如图4-27所示。该控制系统中有两个并排的冷却风扇，控制冷却风扇的信号是冷却液温度开关和高压压力开关。冷却液温度开关和高压压力开关处于不同状态，则冷却风扇继电器形成不同组合，从而控制冷却风扇使其不运转、低速运转或高速运转。

1）空调不工作时。不开空调的情况下，发动机冷却液温度开关控制冷却风扇。

① 发动机冷却液温度低于83℃时，冷却液温度开关处于常闭状态，3号冷却风扇继电器和2号冷却风扇继电器通电，3号冷却风扇继电器端子4与5接通，2号冷却风扇继电器常闭触点断开。同时，由于空调不工作，高压压力开关处于常闭状态，1号冷却风扇继电器通电，其常闭触点断开。两个冷却风扇电动机断电，均不工作，使发动机尽快暖机。

② 发动机冷却液温度高于93℃时，冷却液温度开关打开，2号冷却风扇和3号冷却风

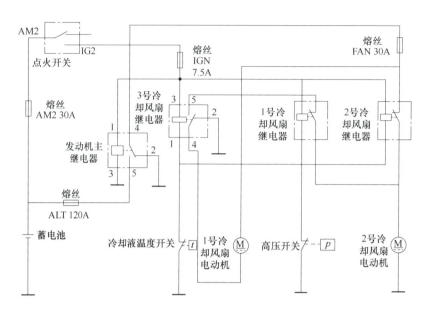

图 4-27　丰田雷克萨斯 LS400 轿车冷却风扇控制电路

扇继电器断电。虽然高压压力开关使 1 号冷却风扇继电器通电，其常闭触点打开，但并不影响冷却风扇的工作。12V 电压加至 1 号冷却风扇电动机和 2 号冷却风扇电动机，两冷却风扇高速运转，以满足发动机冷却系统散热需要。

2）空调工作时。使用空调时，高压压力开关和冷却液温度开关联合控制冷却风扇。

① 开空调，高压侧压力小于 1.35kPa，且冷却液温度低于 83℃时，冷却液温度开关处于常闭状态，高压压力开关打开，2 号冷却风扇继电器和 3 号冷却风扇继电器通电，1 号冷却风扇继电器断电，继电器将两冷却风扇电动机串联在一起，两冷却风扇低速运转，以满足冷凝器散热需要。

② 开空调，高压侧压力大于 1.35kPa，且冷却液温度高于 93℃时，高压压力开关和冷却液温度开关都打开，1 号、2 号、3 号冷却风扇继电器均断电，12V 电压加至两冷却风扇电动机，两冷却风扇高速运转。

综上所述可知，两个冷却风扇的工作同时受冷却液温度和空调信号影响，而在同时不转、同时低速转或同时高速转 3 种状态之间循环，其工作原理如图 4-28 所示。

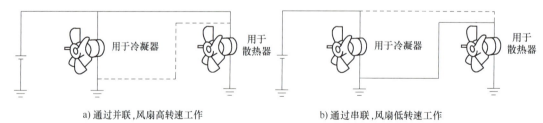

a) 通过并联,风扇高转速工作　　　　　　b) 通过串联,风扇低转速工作

图 4-28　两个冷却风扇工作原理

3. 散热器风扇控制器

（1）散热器风扇控制电路分析　除采用继电器控制风扇的转速外，还可采用专用控制器对风扇进行控制。它根据空调信号和冷却液温度信号联合控制风扇的转速。图 4-29 所示为捷达王轿车散热器风扇控制电路，其控制过程如下：

散热器风扇控制电路的分析

① 当发动机冷却液温度达 95℃ 时，热敏开关 F18 内的低温触点闭合，12V 电源电压经触点接通风扇电动机的低速档，散热器风扇进入低速运转状态。

② 当发动机冷却液温度达 102℃ 时，热敏开关 F18 内的高温触点闭合，12V 电压经闭合的触点到风扇控制器 ICK 的 T2 端，控制器②端输出 12V 电压，使风扇进入高速运转状态。

③ 当开启空调后，风扇控制器 T1 端、T4 端均为 12V 高电平。如果此时管路压力低于 1.6MPa，控制器 P 端为低电平，在此前提下，①端输出 12V 电压，风扇高、低速交替运转。

④ 当空调管路压力超过 1.6MPa 时，位于空调高压管路上的组合压力开关 F1 的③、④端内触点闭合，12V 电压经闭合的触点到风扇控制器 P 端，控制器②端输出 12V 电压，风扇高速运转。

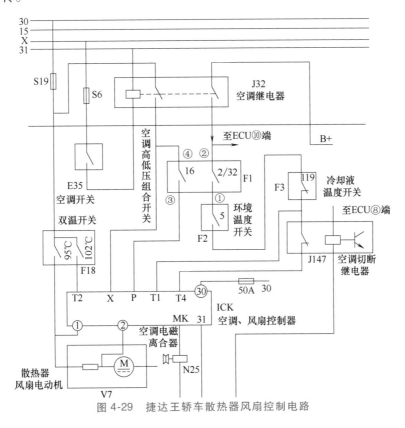

图 4-29 捷达王轿车散热器风扇控制电路

多数高级轿车都采用这种布置和控制方式，如图 4-30 所示，两个散热风扇有 3 种不同的运转工况，其工作原理如下所述。

① 空调开关已接通，但制冷剂压力未达到 1.81MPa 时，只有辅助散热风扇电动机运转。

② 一旦制冷剂压力达到 1.81MPa 时，主、辅风扇电动机同时运转。

③ 无论空调开关是否接通，只要发动机冷却液温度超过 98℃，主散热风扇（散热器风扇电动机）高速运转。丰田汽车公司在部分 1UZ-FE 和 1MZ-FE 发动机上采用了电控液压电动机冷却风扇系统，用于雷克萨斯、凯美瑞等车型，与一般的电控风扇系统有较大差异。如图 4-31 所示，在此系统中，风扇 ECU 通过电磁阀控制作用在液压电动机上的油液压力，这样就可以根据发动机工况和空调状态自动控制冷却风扇的转速。

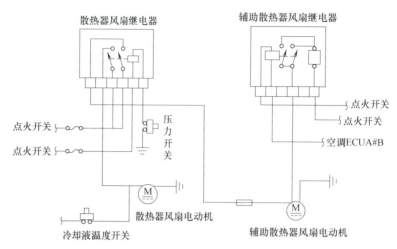

图 4-30　制冷剂压力开关与微机控制组合控制

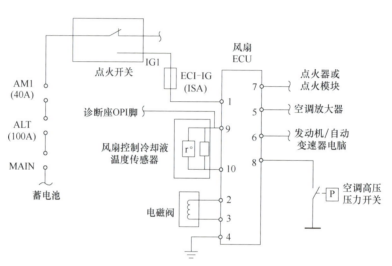

图 4-31　电控液压电动机冷却风扇电路

（2）风扇故障检修方法　冷凝风扇的检修方法主要有：检查发动机盖下继电器盒中和仪表板下继电器盒中的冷凝器熔丝是否正常；检查发动机盖下继电器盒中的继电器及其插座是否正常；检查仪表板下继电器盒中的冷凝器熔丝与风扇继电器之间的电路是否断路；检查冷凝器风扇继电器与风扇之间的电路是否断路；检查冷凝器风扇与车体接地之间的电路是否断路和接地不良；检查冷凝器风扇控制模块的输入电路和输出电路及接地是否正常等。

只有冷凝器风扇不转的可能故障点有：熔丝熔断；电路断路；空调控制器故障；风扇电动机烧毁（两个风扇电动机同时烧坏的可能性极小）。

冷凝器风扇与压缩机均不工作的可能故障点：低压保护开关故障或系统制冷剂泄漏；环境温度开关、蒸发器温控开关或水温控制开关电路或自身故障；空调控制器故障或其上熔丝熔断。

4. 压缩机工作控制

（1）压缩机电磁离合器的控制方式　压缩机电磁离合器的控制方式根据控制开关的位置分为两种：电源控制和搭铁控制，如图 4-32 所示。电源控制方式是由开关直接控制电

压缩机控制
电路的分析

源，当开关闭合时，瞬间产生的大电流流经开关至执行器构成的回路，长期工作后容易造成触点烧蚀。所以，现在大多数轿车均不采用这种控制方式。搭铁控制方式是由开关控制继电器线圈的回路，这种控制方法的优点是以小电流信号控制大电流的通断，从而有效地防止触点烧蚀，目前大多数轿车采用这种控制方法。

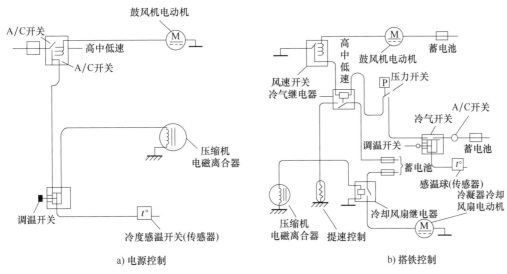

图 4-32 压缩机电磁离合器的控制方式

（2）压缩机工作时机控制 控制压缩机工作时机的方式有 3 种：手动空调压缩机的控制、半自动空调压缩机的控制和全自动空调压缩机的控制。

1）手动空调压缩机的控制。手动空调压缩机工作的前提是：从蓄电池正极出发经过各个开关压缩机电磁离合器到蓄电池负极构成回路，即空调开关（A/C 开关）闭合、恒温器触点闭合、压力开关闭合、鼓风机开关闭合。此时压缩机电磁离合器继电器（冷气继电器）工作，蓄电池电源才能提供给压缩机电磁离合器线圈。

图 4-33 所示为汽车空调压缩机电磁离合器/鼓风机控制电路。空调及鼓风机开关、温度控制器及电磁离合器控制电磁离合器线圈的通断。压缩机由发动机驱动，同时，与发动机并联的压缩机工作指示灯亮。通常情况下，空调及鼓风机开关闭合，压缩机就开始工作，可是空调压缩机不能始终运转，否则不但浪费能源，还可能导致车内温度过低。车内

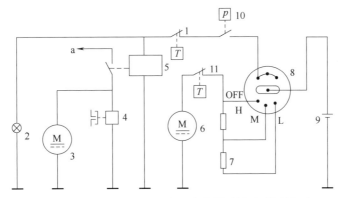

图 4-33 汽车空调压缩机电磁离合器/鼓风机控制电路

1—温度控制器 2—压缩机工作指示灯 3—冷凝器风扇电动机 4—电磁离合器 5—冷气继电器 6—鼓风机电动机
7—鼓风机调速电阻 8—空调及鼓风机开关 9—蓄电池 10—压力开关 11—冷却液温度开关 a—接蓄电池正极

温度的高低是由温度控制器来控制的，它一般安装于车内。当车内温度高于设定温度时，温度控制器触点闭合，压缩机旋转，空调系统工作使车内温度降低；当车内温度低于设定值时，温度控制器触点断开，电磁离合器断电，压缩机停止工作，指示灯熄灭，这时鼓风机仍然工作。空调停止工作后，车内温度升高，当车内温度高于设定温度时，温度控制器触点闭合，电流通过电磁离合器线圈使压缩机再次工作，这样循环控制，就可使车内温度控制在设定的范围内。

2）半自动空调压缩机的控制。如图 4-34 所示，半自动空调压缩机工作的必备条件是空调开关闭合、温度开关（热敏电阻）工作、压力开关闭合、鼓风机开关闭合、发动机工作、压缩机工作、制冷剂温度开关闭合。当点火开关和鼓风机开关接通时，加热器继电器就接通。如果空调器开关此时接通，则压缩机电磁离合器继电器由空调放大器接通，从而使压缩机电磁离合器接合，压缩机工作。

在下述情况下，压缩机电磁离合器脱开，压缩机被关掉。

① 鼓风机开关位于 OFF（断开）位置，当鼓风机开关断开，加热器继电器也断开，电源不再接至空调器。

② 空调器开关位于 OFF（断开）位置，空调放大器（它控制压缩机电磁离合器继电器）的主电源被切断。

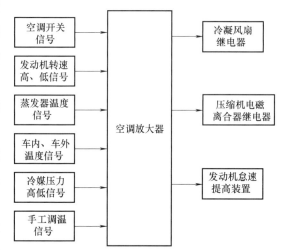

图 4-34　半自动空调压缩机工作电路示意图

③ 蒸发器温度太低，如蒸发器表面温度降至 3℃ 或以下，则空调放大器的电源被切断。

④ 双重压力开关位于 OFF（断开）位置，如果制冷回路高压端压力极高或极低，这一开关便断开。空调放大器检测到这一情况，就切断压缩机电磁离合器继电器。

⑤ 压缩机锁止（仅限某些车型），压缩机与发动机转速差超过一定的值，空调放大器就会判断压缩机已锁止，并切断压缩机电磁离合器继电器。

3）全自动空调压缩机控制。全自动空调压缩机一般由发动机微机控制。

① 基本控制。ECU 根据车内温度、车外温度、蒸发器温度和设定温度等参数，自动控制压缩机的通断，调节蒸发器表面温度，并防止蒸发器表面结冰。

② 低温保护。当车外环境温度低于某值（3℃ 或 8℃）时，压缩机停止工作，防止压缩机的损耗。

③ 高速控制。当发动机转速超过某转速时，压缩机停止工作，防止因压缩机转速过高而造成损坏。

④ 加速切断。当发动机处于急加速工况时，为了保证发动机输出足够的动力，压缩机暂时停止工作。

⑤ 高温控制。当发动机冷却液温度超过某值（109℃）时，压缩机停止工作，防止发动机冷却液温度上升。

⑥ 打滑保护。当压缩机卡死导致传动带打滑时，压缩机停止工作，防止传动带负荷过大而断裂，进而影响水泵、发电机等的工作。

⑦ 低速控制。当发动机转速低于某转速（600r/min）时，压缩机停止工作，防止发动机失速。

⑧ 低压保护。当制冷系统压力低于某值（500kPa）时，压缩机停止工作，防止压缩机在系统制冷剂不足条件下工作，造成压缩机损坏。

⑨ 高压保护。当系统压力超过某值（2800kPa）时，压缩机停止工作，防止空调系统瘫痪。

（3）可变排量压缩机的控制　可变排量压缩机有全容量（100%）运转、半容量（50%）运转和压缩机停止3种工作模式。ECU根据空调系统冷气负荷的大小，控制压缩机的排量变化，以减少能量的浪费。可变排量压缩机的控制系统主要有两种类型：一种是根据冷却液温度进行控制；另一种是根据蒸发器表面温度进行控制。

① 根据冷却液温度进行控制：当发动机冷却液温度过高时，ECU根据冷却液温度传感器信号，控制压缩机按半容量模式运转，防止发动机过热；反之，当发动机冷却液低于某一值时，ECU控制压缩机按全容量模式运转，满足制冷需要。

② 根据蒸发器表面温度进行控制：当蒸发器温度大于某一值（40℃）时，ECU控制压缩机按全容量模式运转，降低蒸发器温度；当蒸发器表面温度低于某一值（40℃）时，ECU控制压缩机按半容量模式运转，以降低能耗；当蒸发器温度低于3℃时，ECU控制压缩机停止运转，防止损坏压缩机。

（4）压缩机不工作故障原因分析　常见故障原因有电磁离合器熔丝、继电器或者电路故障；压力传感器电路或自身故障；蒸发器温度传感器电路或自身故障。具体故障分析如下：

1）压缩机内部磨损严重，导致无法正常工作。

压缩机在空调系统中起着至关重要的作用，主要的工作就是压缩和输送冷气，这就造成了压缩机会长期处于高速旋转的状态，这是导致压缩机不能正常工作的原因之一。

2）制冷剂有泄漏，没有冷气压缩或输送则压缩机不工作。

3）电路系统故障导致汽车空调压缩机不能正常工作的情况比较常见，可以检查一下电路是否通顺、检查温度传感器电磁阀。

4）由于空调压缩机控制电路的插头松动，造成接触不良，使供给电磁线圈的电压下降、电流不稳导致空调压缩机的电磁离合器有时接合有时分离，如此状态下长时间工作，必将烧坏离合器和电磁线圈。

情智链接

汽车空调系统的正常运行，需要各种传感器采集信息后送入空调控制器，根据各种控制策略进行控制才能保证空调系统的正常进行，舒适度得到提升，从而间接地促进了行车安全。道路千万条，安全第一条。交通安全是非常重要的，应注意遵守交通规则，文明交通，从我做起，从现在做起，自觉配合执法人员开展交通秩序整治工作，共建良好秩序。

任务技能点1: 电磁离合器的检修

1. 准备工作

电磁离合器
的检修

防护:	设备及零部件:
工作服，劳保鞋，手套	工作台，压缩机总成，12V电源
工具:	辅料:
Fluke88万用表，百分表，塞尺	无纺布，车内外防护套装

准备工作

2. 测试说明

1）检查压盘是否变色、剥落或损伤。如果有损坏，更换离合器装置。

2）用手转动传动带，检查带轮轴承的间隙和阻力，如图 4-35 所示。如果出现噪声或间隙过大、阻力过大，则更换离合器。

3）用百分表测量带轮 A 与压盘 B 之间的间隙，如图 4-36 所示。

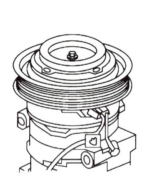

图 4-35　检查带轮轴承的间隙和阻力

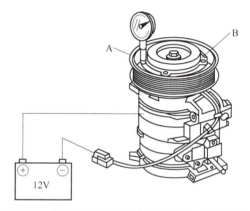

图 4-36　测量带轮与压盘之间的间隙（百分表）

将百分表归零，然后给压缩机离合器施加 12V 电压。在施加电压时，测量压盘的位移。如果间隙不在规定的范围内（间隙为 0.35～0.6mm），则需要使用调整垫片进行调整。调整垫片有多种厚度可供选择，如 0.1mm、0.3mm 和 0.5mm 等。另外，可以用塞尺来测量间隙，如图 4-37 所示。

4）测量电磁线圈的电阻值，如图 4-38 所示。

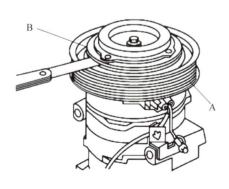

图 4-37　测量带轮与压盘之间的间隙（塞尺）

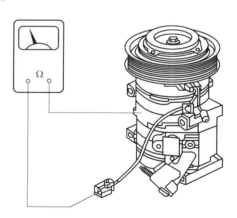

图 4-38　测量电磁线圈的电阻值

如果电阻值不符合技术要求（正常电阻值为 $4\sim5\Omega$，20℃），则更换电磁线圈。

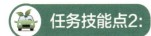 **任务技能点2：** **空调压缩机电磁离合器的拆卸与安装**

空调压缩机电
磁离合器的
拆卸与安装

1. 准备工作

防护：
工作服，劳保鞋，手套

设备及零部件：
工作台，压缩机总成

准备
工作

工具：
压缩机专用拆卸工具

辅料：
无纺布，车内外防护套装

2. 操作说明

拆卸：

1）拆卸空调压缩机传动带。如图 4-39 所示，用力矩扳手拆卸六角组合螺母，旋出离合器吸盘。如图 4-40 所示，用卡簧钳将卡环取出。

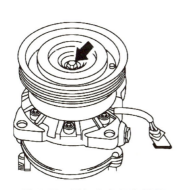

图 4-39　拆卸六角组合螺母

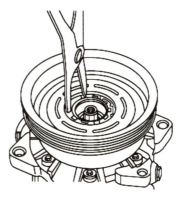

图 4-40　取出卡环

2）拆卸转子，如图 4-41 所示。将专用工具组合成二爪顶拨器形式，轻轻钩住转子的下沿。注意两侧夹持部位应在同一水平面上。顺时针转动，使转子脱出。

3）拆除前盖挡圈，如图 4-42 所示。用卡簧钳将挡圈取出。安装时，线圈凸缘必须与压缩机前盖上凹槽相配，防止线圈移动，并正确放置导线。

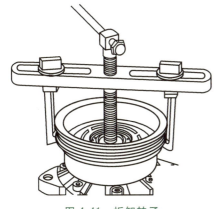

图 4-41　拆卸转子

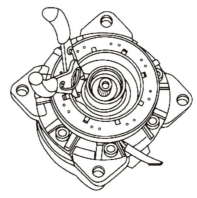

图 4-42　拆除前盖挡圈

安装：安装顺序与拆卸顺序相反。

1）安装转子，如图 4-43 所示。将专用工具组合使用并置于中心部位，用锤子轻击四周，使转子安装到位。

2）安装离合器吸盘，如图 4-44 所示。将图示工具压在离合器吸盘中心孔部位，用锤子轻击，使离合器吸盘安装到位。

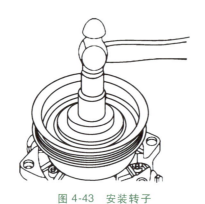

图 4-43　安装转子

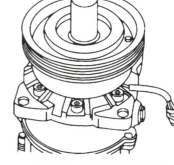

图 4-44　安装离合器吸盘

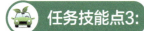

鼓风机工作异常故障检修

任务技能点3:　鼓风机工作异常故障检修

1. 准备工作

防护：	设备及零部件：
工作服，劳保鞋，手套	工作台，压缩机总成
准备工作	
工具：	辅料：
压缩机专用拆卸工具	无纺布，车内外防护套装

2. 检测说明

（1）鼓风机调速电阻的检查　拔下鼓风机调速电阻插头，用万用表欧姆档对调速电阻各档位触点之间的阻值进行测量，与标准值做比照，做出对电阻器的性能判断，如图 4-45 所示。

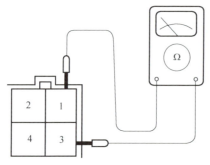

测量端子	测量值/Ω
端子4-2	0.32
端子4-3	0.74
端子4-1	2

图 4-45　检测调速电阻

（2）鼓风机拆装更换　对电阻器和鼓风机供电与搭铁进行检测后，若没有发现故障，则故障可能出在鼓风机本身。维修实践中对鼓风机的维修一般是拆卸更换。

鼓风机的拆卸如图 4-46 所示。

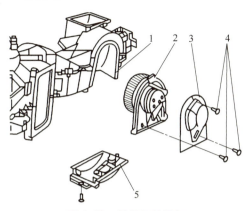

图 4-46　鼓风机的拆卸

1—加热器　2—新鲜空气鼓风机　3—罩盖　4—螺栓　5—新鲜空气鼓风机串联电阻

1）拆下前排乘员侧杂物箱。

2）拔下串联电阻插头、鼓风机供电插头。

3）拆下新鲜空气鼓风机串联电阻。

4）按图 4-47 所示，小心地拆下支撑弹簧，按箭头方向旋转鼓风机并取下。

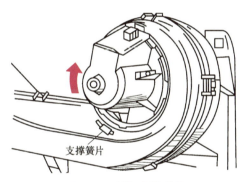

支撑簧片

图 4-47　拆卸支撑弹簧

（二）任务评价反馈

1. 小组自评

小组自评表（表 4-1）能够让小组成员对各自的信息检索能力、任务认知程度、参与状态、学习方法和工作过程等方面进行评价，从记忆、领会、应用、分析、反馈全方位评估自己对知识的学习及掌握情况。

表 4-1　小组自评表

班级		组名		日期	
评价指标	评价要素			分值	分值评定
信息检索能力	能有效地利用网络资源、工作手册查找有效信息；能用自己的语言有条理地表述所学知识；能将查找到的信息有效地转化到工作中			10	
任务认知程度	熟悉自己的工作岗位，认同工作价值；在工作中，能获得满足感			10	
参与状态	与教师、同学之间相互尊重、理解、平等；与教师、同学之间能够保持多向、丰富、适宜的信息交流			10	
	探究学习、自主学习不流于形式，处理好合作学习和独立思考的关系，做到有效学习；能够提出有意义的问题或能发表个人见解；能按要求正确操作；能够倾听、协助分享			10	

（续）

评价指标	评价要素	分值	分值评定
学习方法	工作计划、操作技能符合规范要求；获得了进一步发展的能力	10	
工作过程	遵守管理规程，操作过程符合现场管理要求；平时上课的出勤情况和每次完成学习任务情况良好；善于多角度思考问题，能主动发现、提出有价值的问题	15	
思维状态	能发现问题、提出问题、分析问题、解决问题	10	
自评反馈	按时、按质完成学习任务；较好地掌握了专业知识点；具有较强的信息分析能力和理解能力；具有较为全面严谨的思维能力并能条理清晰地表述	25	
自评分值			
有益的经验和做法			
总结反思建议			

2. 小组互评

小组互评表（表4-2）能够让小组成员从信息检索能力、任务认知程度、参与状态、学习方法和工作过程等方面对其他小组进行评价，通过互相评价环节，学习其他小组的长处，弥补自己小组的不足。

表4-2　小组互评表

班级		被评组名		日期	
评价指标	评价要素			分值	分值评定
信息检索能力	该组能有效利用网络资源、工作手册查找有效信息			5	
	该组能用自己的语言有条理地去理解、表述所学知识			5	
	该组能将查找到的信息有效转化到工作中			5	
任务认知程度	该组能熟悉各自的工作岗位，认同工作价值			5	
	该组成员在工作中能获得满足感			5	
参与状态	该组与教师、同学之间相互尊重、理解、平等			5	
	该组与教师、同学之间能够保持多向、丰富、适宜的信息交流			5	
	该组能处理好合作学习和独立思考的关系，做到有效学习			5	
	该组能提出有意义的问题或能发表个人见解，按要求正确操作，能够倾听、协助分享			5	
	该组能积极参与学习任务，并在过程中综合运用信息技术的能力得到提高			5	
学习方法	该组工作计划、操作技能符合规范要求			5	
	该组获得了进一步发展的能力			5	
工作过程	该组遵守管理规程，操作过程符合现场管理要求			5	
	该组平时上课的出勤情况和每次完成学习任务情况良好			10	
	该组善于多角度思考问题，能主动发现、提出有价值的问题			5	

（续）

评价指标	评价要素	分值	分值评定
思维状态	该组能发现问题、提出问题、分析问题、解决问题	10	
自评反馈	该组能严肃认真地对待自评,并能独立完成自测试题	10	
自评分值			
简要评述			

3. 教师评价

教师评价的内容主要包括小组出勤情况、信息收集能力、计划制订是否完善、工作过程是否规范等，见表4-3，能够帮助学生更好地理解学习任务，促进对任务知识点、技能点的消化和吸收。

表 4-3　教师评价表

班级		组名		姓名	
出勤情况					
评价指标	评定要素			分值	分值评定
理想信念	有坚定的理想信念,热爱祖国			5	
	坚持正确的政治方向,政治积极向上			5	
	坚持社会主义核心价值观			5	
	在实操过程中体现劳动精神、工匠精神			5	
	具备良好的职业道德和环保意识			5	
道德品质	遵守公共场所的管理规定,自觉维护公共秩序和社会公德			5	
	在公共场所举止文雅,文明礼貌			5	
	爱护公物,保护公共设施			5	
	积极参加社会公益活动			5	
信息检索	能够顺利完成教师安排的任务,快速找到有效信息,并转化到工作中去			5	
任务认知	能够读懂文字的表达内容			5	
	能够满足岗位工作要求,掌握工作流程,熟悉注意事项			5	
参与状态	与教师、同学之间相互尊重、理解			4	
	能够做到独立思考、表达自己想法			4	
	能够按照要求正确操作、能够倾听对方表达的内容,乐于分享			4	
学习方法	能够按照工作内容的紧急情况合理地制订计划			4	
	能够按要求完成工作计划,且操作符合规范			4	
工作过程	操作符合安全规定			5	
	操作符合流程规范			5	
	能够协助他人完成工作			5	
思维状态	工作过程思路清晰,对工作结果能够正确预判,对其他相关工作有帮助			5	
师评分值					
综合评价					

三、任务拓展信息

汽车空调系统的核心设计——空调控制器

汽车空调是汽车的最基本配置之一，能够对车厢内的空气进行加热、制冷、通风和净化处理，以满足人们对车辆乘坐环境的舒适性要求。空调控制器是汽车空调系统中重要的组成部分之一。

空调控制器连接着车内多个传感器，能够通过这些传感器准确获取车内环境信息。同时，控制器通过 CAN 与空调控制面板通信，可以实时地获取驾驶人对环境的要求。它利用内部算法，通过 CAN 来控制空调压缩机与空调 PTC、鼓风机并且通过控制风门电动机、阀门等执行器件，来达到对车内环境的精确控制。空调控制器框图如图 4-48 所示。

图 4-48　空调控制器框图

学习任务 5
汽车空调性能检测

一、任务说明

任务描述	小李 5 年前购买了一辆吉利帝豪轿车，最近发现汽车空调的制冷效果大不如前，小李来到 4S 店想了解制冷效果不良的原因并有效排除空调故障
任务所属模块课程	●空调与舒适系统检修
任务对应工作领域	●汽车电子电气与空调舒适系统工作领域
育人目标描述	
增强学生劳动意识，树立劳动光荣、吃苦耐劳的工作作风	
职业技能（能力）要求描述	
行为	能熟练完成汽车空调系统日常维护作业
条件	车辆/设备：比亚迪秦轿车
	工具及场地要求：检修工位 4 个、工具箱（内包含扳手、棘轮、套筒、钳子等通用手动工具）4 个、零件车 4 个、工作灯 4 个、手套、抹布若干、歧管压力表 4 块、制冷剂鉴别仪 4 个、制冷剂回收加注机 4 台、制冷剂、冷冻机油若干
标准与要求	1. 树立分析问题、解决问题的信心 2. 提高沟通协调、团队合作的能力 3. 强化安全生产、规范操作的意识 4. 能描述汽车空调系统制冷剂和冷冻机油的性能特点 5. 能熟练完成汽车空调制冷系统工作压力测试作业 6. 能熟练完成汽车空调制冷剂的回收作业 7. 能熟练完成汽车空调制冷系统抽真空和检漏作业 8. 能熟练完成汽车空调制冷系统冷冻机油补充作业 9. 能熟练完成汽车空调制冷系统制冷剂加注作业
成果	完成汽车空调系统日常维护操作

二、任务学习与实施

（一）任务引导与学习

➤ 引导问题 1：简述汽车空调日常维护的检查项目。

_____

_____

_____

➤ 引导问题 2：目前汽车空调使用最为广泛的制冷剂为_____，请简述其特性。

_____

_____

_____

➤ 引导问题 3：请从下列选项中选出汽车空调制冷剂 R134a 的使用注意事项（　　　）（多选）。

A. 由于制冷剂密度比氧气大，存放时要放在通风良好的地方

B. 检修制冷系统时，要避免手或眼直接接触液态制冷剂，以免被冻伤

C. R134a 必须使用专用密封圈与密封垫，且每次拆卸制冷系统部件后，必须更换新的密封圈

D. 加注 R134a 时，应使容器保持直立状态，确保制冷剂以气态进入系统，否则可能损坏压缩机

➤ 引导问题 4：请在下面的步骤前面标注出正确的制冷剂鉴别步骤序号。

☐ 将制冷剂鉴别仪电源插头与车辆蓄电池进行连接，仪器自动开机并进行预热。

☐ 首次使用时，需要将当地的海拔输入到仪器的内存中。

☐ 系统标定。仪器会通过进气口吸入环境中的空气约 1min，用于校正测试元件并排出残余的制冷剂气体。

☐ 管路连接。根据仪器提示把采样管的一端连接到仪器的进气口，另一端连接到车辆空调系统或制冷剂罐的低压阀口上，轻轻拉一下采样管确定其是否连接到位。

☐ 检查样品出口处，确保制冷剂为气态，不允许有液态制冷剂或冷冻油流出。

☐ 按下仪器上的"A"键，制冷剂会立即流进仪器，开始进行制冷剂鉴别分析，分析结果会在显示屏上以 PASS、FAIL、FAIL CONTAMINATED 等字样显示出来。

☐ 检测完毕后，拔下仪器的电源线，拆下采样管。

➤ 引导问题 5：制冷剂鉴别过程中有哪些注意事项？

_____

_____

_____

➤ 引导问题 6：冷冻机油在制冷系统中主要有哪些作用？

_____

_____

➤ 引导问题 7：冷冻机油在使用时有哪些注意事项？

_____

_____

_____

➤ 引导问题 8：习近平总书记在 2020 年 11 月 24 日举行的全国劳动模范和先进工作者表彰大会上强调，"光荣属于_____，幸福属于_____"。弘扬劳动最光荣、劳动最崇高、劳动最伟大、劳动最美丽的社会风尚。

 知识链接

1. 汽车空调日常维护

（1）空调压缩机的维护

1）检查压缩机轴封以及与进、排液管的连接部位是否有泄漏。若发现冷冻机油泄漏，要及时修理，并按规范加注汽车专用冷冻机油。

2）检查压缩机传动带张力。汽车压缩机传动带的张力通常为450N±50N，若传动带张力过大，易造成压缩机带轮轴承早期失效，表现为压缩机噪声大。

（2）空调冷凝器的维护　冷凝器的清洁程度与其换热状况有很大关系，应经常检查冷凝器表面有无杂物、油污、泥土，散热片是否弯曲、堵塞，若发现冷凝器表面有脏污，应使用压缩空气或清水清洗干净，保证冷凝器有良好的散热条件。注意：在清洁过程中不要把散热片碰倒，更不要损伤制冷管道。

（3）空气进口过滤器检查　送入车厢的空气都要经过空气进口过滤器过滤，因此应经常检查过滤器是否被灰尘堵塞。若有堵塞，则进行清洁，以保证进风量充足。

（4）制冷剂余量检查　定期通过装在储液干燥器顶部或冷凝器后高压管路上的视液镜观察是否缺少制冷剂。

（5）部件连接情况检查　检查制冷系统各管路接头和连接部位、螺栓是否有松动现象，是否与周围部件有相互磨碰的现象，胶管是否老化等。

（6）空调运行情况检查　检查空调在运行过程中有无异响、振动或异味。

2. 制冷剂鉴别

目前汽车空调广泛采用的制冷剂为R134a，其具有以下特性：

1）134a不含有氯原子，因此不破坏大气臭氧层。

2）R134a具有良好的安全性能，不易燃烧、不易爆炸、无毒无刺激性、无腐蚀性。

3）R134a传感性能好，因此制冷剂的用量可以大大减少。

使用及存放制冷剂时有以下几点注意事项：

1）由于制冷剂密度比氧气大，存放时要放在通风良好的地方。

2）检修制冷系统时，要避免手或眼睛直接接触液态制冷剂，以免被冻伤。

3）R134a必须使用专用密封圈与密封垫，且每次拆卸制冷系统部件后，必须更换新的密封圈。

4）加注R134a时，应使容器保持直立状态，确保制冷剂以气态进入系统，否则可能损坏压缩机。

制冷剂鉴别的具体流程如下：

1）将制冷剂鉴别仪电源插头与车辆蓄电池进行连接，仪器自动开机并进行预热。

2）首次使用时，需要将当地的海拔输入到仪器的内存中。

3）系统标定。仪器会通过进气口吸入环境中的空气约1min，用于校正测试元件并排出残余的制冷剂气体。

4）管路连接。根据仪器提示把采样管的一端连接到仪器的进气口，另一端连接到车辆空调系统或制冷剂罐的低压阀口上，轻轻拉一下采样管确定其是否连接到位。

汽车空调系统检修

5）检查样品出口处，确保制冷剂为气态，不允许有液态制冷剂或冷冻油流出。

6）按下仪器上的"A"键，制冷剂会立即流进仪器，开始进行制冷剂鉴别分析，分析结果会在显示屏上以 PASS、FAIL、FAIL CONTAMINATED 等字样显示出来。

7）检测完毕后，拔下仪器的电源线，拆下采样管。

注意事项：

1）首次使用鉴别仪时，需要输入当地海拔，错误的海拔将导致仪器检测结果不准确。

2）为保证校正准确，校正时周围的空气必须是清洁的，不能含有制冷剂或 HC 等。

3）制冷剂鉴别仪没有自动切断开关，因此在检测过程中要注意观察仪器提示，及时拆下采样管，避免过多的制冷剂流出。

3. 冷冻机油的作用

冷冻机油主要有润滑、密封、降温以及能量调节 4 个作用。

（1）润滑 冷冻机油在压缩机运转中起润滑的作用，以减少压缩机运行摩擦和磨损程度，从而延长压缩机的使用寿命。

（2）密封 冷冻机油在压缩机中起密封的作用，使压缩机内活塞与气缸面之间、各转动的轴承之间达到密封的作用，以防止制冷剂泄漏。

（3）降温 冷冻机油在压缩机各运动部件间润滑时，可以带走工作过程中所产生的热量，使各运动部件保持较低的温度，从而提高压缩机的效率和使用的可靠性。

（4）能量调节 对于带有能量调节机构的制冷压缩机，可利用冷冻油的油压作为能量调节机械的动力。

冷冻机油在使用时有以下几点注意事项：

1）HFC-134a（R-134a）空调系统及 HFC-134a（R-134a）元件只能使用规定冷冻机油。非规定冷冻机油将影响压缩机的润滑效果，不同牌号的冷冻机油混用会导致冷冻机油氧化、失效，可能会导致压缩机出现故障。

2）HFC-134a（R-134a）规定冷冻机油可以快速吸收空气中的水分。操作注意事项如下：

① 从车上拆卸制冷元件时，应尽快将元件盖上（密封），以减少空气中湿气的进入。

② 安装制冷元件时，在连接元件前，请勿拆下（或打开）元件的盖。应尽快连接制冷回路元件，以减少空气中湿气的进入。

③ 只能使用密封储存的规定润滑剂。使用完毕后，应立即密封润滑剂容器。如果润滑剂没有妥善封存，被湿气渗透后不能再次使用。

3）不能使用变质浑浊的冷冻机油，否则会影响压缩机的正常运转。

4）系统补充冷冻机油应按规定的剂量加入。若冷冻机油过少，会影响压缩机润滑；若添加过量的冷冻油，会影响空调系统的制冷量。

5）在加注制冷剂时，应先加冷冻机油，再加注制冷剂。

 情智链接

"劳动是一切幸福的源泉"。不管时代如何变化，劳模精神都是一面跨越时空、永不褪

112

色的鲜艳旗帜。要大力弘扬劳模精神、劳动精神、工匠精神，教育、引导青少年树立以辛勤劳动为荣、以好逸恶劳为耻的劳动观，培养更多热爱劳动、勤于劳动、善于劳动的高素质劳动者，引领亿万人民辛勤劳动、诚实劳动、创造性劳动，齐心协力实现伟大梦想、共创美好生活。

（二）任务计划与实施

➤ 引导问题9：制冷系统如何进行工作压力检测？

➤ 引导问题10：请在下面的步骤前面标注出正确的制冷系统工作压力检测步骤序号。

制冷系统工作压力检测

□ 将歧管压力表正确地连接到制冷系统相应的检修阀上。

□ 用手松开歧管压力表上的高、低压注入软管的连接螺母，让系统内侧的制冷剂将高、低压注入软管内的空气排出，然后将连接螺母拧紧。

□ 把温度计插进中间出风口并观察空气温度。在外界温度为27℃时，运行5min后出风口温度应接近7℃。

□ 观察高、低压侧压力，压缩机的吸气压力应为0.15~0.25MPa，排气压力应为1.4~1.6MPa。

□ 关闭车门、车窗和行李舱盖，发动机预热。

□ 起动发动机并使发动机转速保持在1000~1500r/min，然后打开空调A/C开关和鼓风机开关，设置到空调最大制冷状态，鼓风机高速运转，温度调节在最冷。

□ 关闭歧管压力表上的两个手动阀。

小提示

1）安装歧管压力表的过程中，注意不要磕碰。

2）使用完压力表后，将其放置在适当的地方，避免摔落。

3）任务完成后，做好工位的7S工作。

4）在进行制冷系统压力测试过程中，应严格按照操作手册进行作业，培养严谨细致，认真负责的工作作风。

➤ 引导问题11：请将检测的相关数据记录至表5-1并分析。

表5-1　不同运行时间下系统压力检测数据

项目	空调系统运行5min后系统压力		空调系统运行20min后系统压力	
	高压侧	低压测	高压侧	低压测
检测数据/MPa				

由以上测量数据可知，制冷系统工作压力：正常□　不正常□

➤ 引导问题12：制冷剂与冷冻机油如何进行回收？

➤ 引导问题13：请在下面的步骤前面标注出正确的制冷剂与冷冻机油回收步骤序号。

□ 打开制冷剂回收加注机，按"回收"键，启动回收程序。

□ 打开仪器上的高、低压阀。

□ 设置回收量，根据数据库数据，通过数字键对回收量进行设置。

□ 根据菜单提示，进行管路连接，将高、低压快速接头正确连接至制冷系统的检测接口。

□ 等待废油无气泡后，再次查看并记录废油液面高度，计算出排出的冷冻机油量。

□ 查看并记录回收后工作罐的质量，计算出制冷剂的回收量。

□ 排油结束后，关闭控制面板上的阀门。

□ 回收结束后，显示回收的制冷剂量，仪器准备进行废油排除。排油前，记录排油瓶内废油的液面高度。

小提示

1）顺时针拧开高、低压开关时，速度应慢一些，防止冷冻机油被制冷剂带出系统。

2）连接高、低压快速接头时，注意不要装反，否则会影响仪器的正常工作。

3）任务完成后，做好工位的 7S 工作。

4）在进行制冷剂与冷冻机油回收任务时，应严格按照维修手册进行作业，培养以劳动为荣、吃苦耐劳的工作作风。

➤ 引导问题 14：请将制冷剂与冷冻机油的相关数据记录至表 5-2 并分析。

表 5-2　制冷剂与冷冻机油数值

名　称		数值	回收量
制冷剂	回收前的罐重		
	回收后的罐重		
冷冻机油	回收前的罐重		
	回收后的罐重		

制冷系统抽真空与检漏

➤ 引导问题 15：制冷系统抽真空与检漏如何进行？

➤ 引导问题 16：请在下面的步骤前面标注出正确的制冷系统的抽真空与检漏步骤序号。

□ 将制冷剂回收加注机的高、低压快速接头正确地连接至制冷系统的检测接口。

□ 检查压力表数值是否超过 70kPa。如果超过，应该重新进行回收操作，直到压力达到要求。

□ 当系统真空度低于 -90kPa 时，关闭高、低压阀，按"取消"键，停止抽真空。

□ 按"确认"键，仪器对系统进行泄漏检测，观察高、低压表，若表针无回升，则空调系统无泄漏。

□ 打开电子检漏仪进行泄漏点检查。

□ 按下"抽真空"键，通过数字键设置抽真空时间，按下"确认"键进行抽真空。

□ 打开高、低压阀。

□ 抽真空时间到后，仪器会自动停止真空泵工作。

□ 调节灵敏度，使第 1 个 LED 灯亮。

□ 将检漏仪的探头指向被检区域（不要接触），若亮的 LED 灯增多、声音频率增大，说明此处存在泄漏。

□ 当检测到泄漏时，按下重设键继续检测，直到检测到比原来浓度更大的地方才会再次报警。

□ 检漏结束，准备加注冷冻机油。

□ 保持真空度 15min 以上，检查压力表示数是否变化。若压力未上升，进行微小泄漏量的检查，若抽真空时间达到 30min 以上压力仍有回升，则制冷系统存在泄漏。

➤ **引导问题 17：**制冷系统在抽真空和检漏过程中有哪些注意事项？

_____

_____

_____

➤ **引导问题 18：**如何补充冷冻机油？

➤ **引导问题 19：**请在下面的步骤前面标注出正确的冷冻机油补充步骤序号。

□ 安装注油瓶。安装时必须拧紧，防止空气进入。

□ 按"确认"键进行冷冻机油加注。

□ 计算补充量，通常补充量为排出量+20ml。

□ 选择与系统同型号的冷冻机油。

□ 根据界面提示，查看注油瓶的液面位置。

□ 在加注过程中，必须一直观察注油瓶内的液面，达到补充量后及时暂停；确认加注量达到要求后，按"取消"键结束加注。

□ 加注冷冻机油结束，准备充注制冷剂。

□ 将适量的冷冻机油加入注油瓶内。

□ 采用单管加注，关闭低压阀，打开高压阀。

冷冻机
油补充

> **小提示**

1）冷冻机油尽量选用小瓶，未使用完的大瓶冷冻机油要及时密闭，不能长时间暴露在空气中，以免被氧化。

2）安装注油瓶时，务必要拧紧，防止空气进入。

3）任务完成后，做好工位的 7S 工作。

4）在进行冷冻机油补充时，应严格按照维修手册进行作业，培养以劳动为荣、吃苦耐劳的工作作风。

➤ **引导问题 20：**制冷剂如何加注？

➤ **引导问题 21：**请在下面的步骤前面标注出正确的制冷剂加注步骤序号。

□ 查阅车辆使用手册，确认制冷装置中制冷剂的类型及加注量。

□ 检查工作罐中制冷剂的质量，若不足 3.6kg，应该加以补充。

□ 加注结束，根据界面显示，将高压快速接头逆时针旋转，使加注管与制冷系统断开，准备对管路进行清洁。

制冷剂加注

□ 清洁完毕后，按"确认"键退出。

□ 关闭控制面板上的阀门，将高、低压软管从车上取下。

□ 打开制冷回收加注机，按"确认"键，进入制冷剂充注界面。

□ 使用数字键设置制冷剂的加注量。

□ 根据界面要求，采用单管加注，关闭低压阀。逆时针旋转低压快速接头，打开高压阀。

□ 按"确认"键进行制冷剂充注。

小提示

1）制冷剂加注时，应关闭低压阀，防止液态制冷剂进入压缩机。逆时针旋转低压快速接头，防止加注的制冷剂从低压检测口流出。

2）任务完成后，做好工位的 7S 工作。

3）在进行制冷剂加注时，应严格按照维修手册进行作业，培养以劳动为荣、吃苦耐劳的工作作风。

知识链接

1. 制冷系统工作压力检测的具体步骤

1）将歧管压力表正确连接到制冷系统相应的检修阀上。

2）关闭歧管压力表上的两个手动阀。

3）用手松开歧管压力表上的高、低压注入软管的连接螺母，让系统内侧的制冷剂将高、低压注入软管内的空气排出，然后将连接螺母拧紧。

4）起动发动机并使发动机转速保持在 1000~1500r/min，然后打开空调 A/C 开关和鼓风机开关，设置到空调最大制冷状态，鼓风机高速运转，温度调节在最冷。

5）关闭车门、车窗和行李舱盖，发动机预热。

6）把温度计插进中间出风口并观察空气温度。在外界温度为 27℃时，运行 5min 后出风口温度应接近 7℃。

7）观察高、低压侧压力，压缩机的吸气压力应为 20~24kPa，排气压力应为 1103~1633kPa。

2. 制冷剂与冷冻机油回收的具体步骤

1）将制冷剂回收加注机的高、低压快速接头正确连接至制冷系统的检测接口。

2）检查压力表数值是否超过 70kPa，如果超过，应该重新进行回收操作，直到压力达到要求。

3）按下"抽真空"键，通过数字键设置抽真空时间，按下"确认"键进行抽真空。

4）打开高、低压阀。

5）抽真空时间到后，仪器会自动停止真空泵工作。

6）当系统真空度低于-90kPa时，关闭高、低压阀，按"取消"键，停止抽真空。

7）按"确认"键，仪器对系统进行泄漏检测，观察高、低压表，若表针无回升，则空调系统无泄漏。

8）保持真空度 15min 以上，检查压力表示数是否变化。若压力未上升，进行微小泄漏量的检查，若抽真空时间达到 30min 以上压力仍有回升，则制冷系统存在泄漏。

9）打开电子检漏仪进行泄漏点检查。

10）调节灵敏度，使第 1 个 LED 灯亮。

11）将检漏仪的探头指向被检区域（不要接触），若亮的 LED 灯增多、声音频率增大，说明此处存在泄漏。

12）当检测到泄漏时，按下重设键继续检测，直到检测到比原来浓度更大的地方才会再次报警。

13）检漏结束，准备加注冷冻机油。

注意事项：

1）抽真空前，检查压力表示数，制冷装置中的压力应低于 70kPa，如果超过该压力，应重新进行回收操作，直到压力达到要求。

2）在达到要求的真空度时，应该继续抽真空操作，且持续时间不少于 15min，确保制冷装置中的水分被充分排出。

3. 冷冻机油补充的具体步骤

1）计算补充量，通常补充量为排出量+20ml。

2）选择与系统同型号的冷冻机油。

3）将适量的冷冻机油加入注油瓶内。

4）安装注油瓶。安装时必须拧紧，防止空气进入。

5）按"确认"键进行冷冻机油加注。

6）采用单管加注，关闭低压阀，打开高压阀。

7）根据界面提示，查看注油瓶的液面位置。

8）在加注过程中，必须一直观察注油瓶内的液面，达到补充量后及时暂停；确认加注量达到要求后，按"取消"键结束加注。

9）加注冷冻机油结束，准备充注制冷剂。

4. 制冷剂加注的具体步骤

1）查阅车辆使用手册，确认制冷装置中制冷剂的类型及加注量。

2）检查工作罐中制冷剂的质量，若不足 3.6kg，应该加以补充。

3）打开制冷回收加注机，按"确认"键，进入制冷剂充注界面。

4）使用数字键设置制冷剂的加注量。

5）根据界面要求，采用单管加注，关闭低压阀（防止液态制冷剂进入压缩机）。逆时针旋转低压快速接头（防止加注的制冷剂从低压检测口流出），打开高压阀。

6）按"确认"键进行制冷剂充注。

7）加注结束，根据界面显示，将高压快速接头逆时针旋转，使加注管与制冷系统断开，准备对管路进行清洁。

8）清洁完毕后，按"确认"键退出。

9）关闭控制面板上的阀门，将高、低压软管从车上取下。

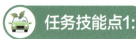 任务技能点1: 制冷剂与冷冻机油回收

1. 准备工作

防护：
工作服，劳保鞋，手套

设备及零部件：
吉利EV450实训车，工作台

准备工作

工具：
制冷剂回收加注机

辅料：
吉利EV450维修手册，无纺布，防护套装

2. 操作步骤说明

1）将歧管压力表正确地连接到制冷系统相应的检修阀上。

2）关闭歧管压力表上的两个手动阀。

3）用手松开歧管压力表上的高、低压注入软管的连接螺母，让系统内侧的制冷剂将高、低压注入软管内的空气排出，然后将连接螺母拧紧。

4）起动发动机并使发动机转速保持在 1000~1500r/min，然后打开空调 A/C 开关和鼓风机开关，设置到空调最大制冷状态，鼓风机高速运转，温度调节在最冷。

5）关闭车门、车窗和行李舱盖，发动机预热。

6）把温度计插进中间出风口并观察空气温度。在外界温度为27℃时，运行5min后出风口温度应接近7℃。

7）观察高、低压侧压力，压缩机的吸气压力应为 20～24kPa，排气压力应为 1103～1633kPa。

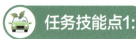 任务技能点2: 空调制冷系统工作压力检测

1. 准备工作

防护：
工作服，劳保鞋，手套

设备及零部件：
吉利EV450实训车，工作台

准备工作

工具：
歧管压力表

辅料：
吉利EV450维修手册，无纺布，防护套装

2. 操作步骤说明

1）打开制冷剂回收加注机，按"回收"键，启动回收程序，如图 5-1 所示。

2）设置回收量，根据数据库数据，通过数字键对回收量进行设置。

3）根据菜单提示，进行管路连接，将高、低压快速接头正确连接至制冷系统的检测接口，如图 5-2 所示。

4）打开仪器上的高、低压阀，如图 5-3 所示。

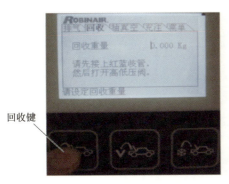

回收键

图 5-1　启动回收程序

图 5-2　管路连接

图 5-3　打开高、低压阀

5）回收结束后，显示回收的制冷剂量，仪器准备进行废油排除。排油前，记录排油瓶内废油的液面高度，如图 5-4 所示。

6）排油结束后，关闭控制面板上的阀门，如图 5-5 所示。

回收前的废油液面

图 5-4　记录排油瓶内的废油液面高度

图 5-5　排油结束

7）等待废油无气泡后，再次查看并记录废油液面高度，如图 5-6 所示，计算出排出的冷冻机油量。

8）查看并记录回收后工作罐的质量，计算出制冷剂的回收量，如图 5-7 所示。

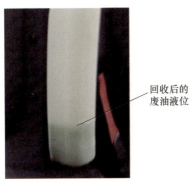

回收后的废油液位

图 5-6　废油液面高度

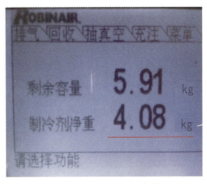

图 5-7　工作罐的质量

 **任务技能点3：** **制冷系统抽真空与检漏**

1. 准备工作

防护：
工作服，劳保鞋，手套

设备及零部件：
吉利EV450实训车，工作台

准备
工作

工具：
制冷剂回收加注机

辅料：
吉利EV450维修手册，无
纺布，防护套装

2. 操作步骤说明

1）将制冷剂回收加注机的高、低压快速接头正确连接至制冷系统的检测接口。

2）检查压力表数值是否超过70kPa。如果超过，应该重新进行回收操作，直到压力达到要求。

3）按下"抽真空"键，通过数字键设置抽真空时间，按下"确认"键进行抽真空，如图5-8所示。

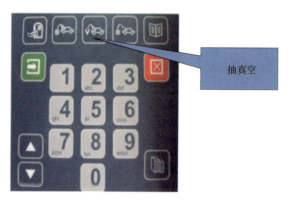

图 5-8　按下抽真空键

4）打开高、低压阀。

5）抽真空时间到后，仪器会自动停止真空泵工作，如图5-9所示。

6）当系统真空度低于-90kPa时，关闭高、低压阀，按"取消"键，停止抽真空。

7）按"确认"键，仪器对系统进行泄漏检测，观察高、低压表，若表针无回升，则空调系统无泄漏，如图5-10所示。

图 5-9　真空泵停止工作

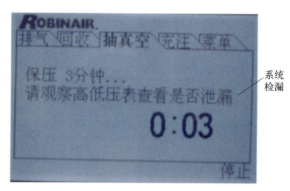

图 5-10　系统检漏检测

8）保持真空度 15min 以上，检查压力表示数是否变化。若压力未上升，进行微小泄漏量的检查，若抽真空时间达到 30min 以上压力仍有回升，则制冷系统存在泄漏。

9）打开电子检漏仪进行泄漏点检查。

10）调节灵敏度，使第 1 个 LED 灯亮。

11）将检漏仪的探头指向被检区域（不要接触），若亮的 LED 灯增多、声音频率增大，说明此处存在泄漏。

12）当检测到泄漏时，按下"重设"键继续检测，直到检测到比原来浓度更大的地方才会再次报警。

13）检漏结束，准备加注冷冻机油，如图 5-11 所示。

图 5-11　检漏结束

任务技能点4：　冷冻机油补充

1. 准备工作

2. 操作步骤说明

1）计算补充量，通常补充量为排出量+20ml。

2）选择与系统同型号的冷冻机油。

3）将适量的冷冻机油加入注油瓶内。

4）安装注油瓶。安装时必须拧紧，防止空气进入。

5）按"确认"键进行冷冻机油加注。

6）采用单管加注，关闭低压阀，打开高压阀。

7）根据界面提示，查看注油瓶的液面位置。

8）在加注过程中，必须一直观察注油瓶内的液面，达到补充量后及时暂停；确认加注量达到要求后，按"取消"键结束加注。

9）加注冷冻机油结束，准备充注制冷剂。

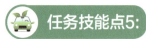 **任务技能点5:** **制冷剂加注**

1. 准备工作

防护：
工作服，劳保鞋，手套

设备及零部件：
吉利EV450实训车，工作台

准备工作

工具：
制冷剂回收加注机

辅料：
吉利EV450维修手册，无纺布，防护套装

2. 操作步骤说明

1）查阅车辆使用手册，确认制冷装置中制冷剂的类型及加注量。

2）检查工作罐中制冷剂的质量，若不足3.6kg，应该加以补充。

3）打开制冷回收加注机，按"确认"键，进入制冷剂充注界面。

4）使用数字键设置制冷剂的加注量。

5）根据界面要求，采用单管加注，关闭低压阀（防止液态制冷剂进入压缩机），逆时针旋转低压快速接头（防止加注的制冷剂从低压检测口流出），打开高压阀，如图5-12所示。

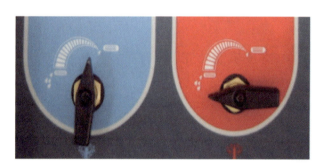

图5-12 关闭低压阀，打开高压阀

6）按"确认"键进行制冷剂充注，如图5-13所示。

7）加注结束，根据界面显示，将高压快速接头逆时针旋转，使加注管与制冷系统断开，准备对管路进行清洁，如图5-14所示。

图5-13 制冷剂充注

图5-14 加注结束提示

8）清洁完毕后，按"确认"键退出。

9）关闭控制面板上的阀门，将高、低压软管从车上取下，如图5-15所示。

图 5-15　关闭阀门

（三）任务评价反馈

1. 小组自评

小组自评表（表5-3）能够让小组成员对各自的信息检索能力、任务认知程度、参与状态、学习方法和工作过程等方面进行评价，从记忆、领会、应用、分析、反馈全方位评估自己对知识的学习及掌握情况。

表 5-3　小组自评表

班级		组名		日期	
评价指标	评价要素			分值	分值评定
信息检索能力	能有效地利用网络资源、工作手册查找有效信息；能用自己的语言有条理地表述所学知识；能将查找到的信息有效地转化到工作中			10	
任务认知程度	熟悉自己的工作岗位，认同工作价值；在工作中，能获得满足感			10	
参与状态	与教师、同学之间相互尊重、理解、平等；与教师、同学之间能够保持多向、丰富、适宜的信息交流			10	
	探究学习、自主学习不流于形式，处理好合作学习和独立思考的关系，做到有效学习；能够提出有意义的问题或能发表个人见解；能按要求正确操作；能够倾听、协助分享			10	
学习方法	工作计划、操作技能符合规范要求；获得了进一步发展的能力			10	
工作过程	遵守管理规程，操作过程符合现场管理要求；平时上课的出勤情况和每次完成学习任务情况良好；善于多角度思考问题，能主动发现、提出有价值的问题			15	
思维状态	能发现问题、提出问题、分析问题、解决问题			10	
自评反馈	按时按质完成学习任务；较好地掌握了专业知识点；具有较强的信息分析能力和理解能力；具有较为全面严谨的思维能力并能条理清晰地表述			25	
自评分值					
有益的经验和做法					
总结反思建议					

2. 小组互评

小组互评表（表5-4）能够让小组成员从信息检索能力、任务认知程度、参与状态、学习方法和工作过程等方面对其他小组进行评价，通过互相评价环节，学习其他小组的长处，弥补自己小组的不足。

表5-4　小组互评表

班级		被评组名		日期	
评价指标	评价要素			分值	分值评定
信息检索能力	该组能有效利用网络资源、工作手册查找有效信息			5	
	该组能用自己的语言有条理地去理解、表述所学知识			5	
	该组能将查找到的信息有效转化到工作中			5	
任务认知程度	该组能熟悉各自的工作岗位，认同工作价值			5	
	该组成员在工作中能获得满足感			5	
参与状态	该组与教师、同学之间相互尊重、理解、平等			5	
	该组与教师、同学之间能够保持多向、丰富、适宜的信息交流			5	
	该组能处理好合作学习和独立思考的关系，做到有效学习			5	
	该组能提出有意义的问题或能发表个人见解，按要求正确操作，能够倾听、协助分享			5	
	该组能积极参与学习任务，并在过程中综合运用信息技术的能力得到提高			5	
学习方法	该组工作计划、操作技能符合规范要求			5	
	该组获得了进一步发展的能力			5	
工作过程	该组遵守管理规程，操作过程符合现场管理要求			5	
	该组平时上课的出勤情况和每次完成学习任务情况良好			5	
	该组善于多角度思考问题，能主动发现、提出有价值的问题			5	
思维状态	该组能发现问题、提出问题、分析问题、解决问题			5	
自评反馈	该组能严肃认真地对待自评，并能独立完成自测试题			10	
互评分值					
简要评述					

3. 教师评价

教师评价的内容主要包括小组出勤状况、信息收集能力、计划制订是否完善、工作过程是否规范等，见表5-5，能够帮助学生更好地理解学习任务，促进对任务知识点、技能点的消化和吸收。

表5-5　教师评价表

班级		组名		姓名	
出勤情况					
评价指标	评定要素			分值	分值评定
理想信念	有坚定的理想和信念，热爱祖国			5	
	坚持正确的政治方向，政治积极向上			5	
	坚持社会主义核心价值观			5	

（续）

评价指标	评定要素	分值	分值评定
理想信念	在实操过程中体现劳动精神、工匠精神	5	
	具备良好的职业道德和环保意识	5	
道德品质	遵守公共场所的管理规定，自觉维护公共秩序和社会公德	5	
	在公共场所举止文雅，文明礼貌	5	
	爱护公物，保护公共设施	5	
	积极参加社会公益活动	5	
信息检索	能够顺利完成教师安排的任务，快速找到有效信息，并转化到工作中去	5	
任务认知	能够读懂文字的表达内容	5	
	能够满足岗位工作要求，掌握工作流程，熟悉注意事项	5	
参与状态	与教师、同学之间相互尊重、理解	4	
	能够做到独立思考、表达自己想法	4	
	能够按照要求正确操作、能够倾听对方表达的内容，乐于分享	4	
学习方法	能够按照工作内容的紧急情况合理地制订计划	4	
	能够按要求完成工作计划，且操作符合规范	4	
工作过程	操作符合安全规定	5	
	操作符合流程规范	5	
	能够协助他人完成工作	5	
思维状态	工作过程思维清晰，对工作结果能够正确预判，对其他相关工作有帮助	5	
师评分值			
综合评价			

三、 任务拓展信息

典型新能源汽车热管理系统方案

1. 小鹏 P7 整车热管理方案分析（PTC 电加热方案）

小鹏 P7 作为小鹏汽车的第 2 款纯电动车型，整车热管理系统采用一体化储液罐设计和单 PTC 加热方案，利用一个四通阀实现整车系统级的热循环。

小鹏 P7 整车热管理方案如图 5-16 所示。

P7 热管理系统特点：

一体化储液罐设计：驱动电机、蓄电池、乘员舱三者的膨胀罐一体化设计，变为一个膨胀罐总成，减少零部件数量，可以降低成本。

余热循环利用：利用一个四通阀，将驱动电机冷却水路与蓄电池温控水路串接，利用驱动电机余热加热蓄电池，降低系统能量损失。

单 PTC 热源统筹化管理：使用一个 PTC 加热器实现乘员舱和蓄电池加热，系统化整

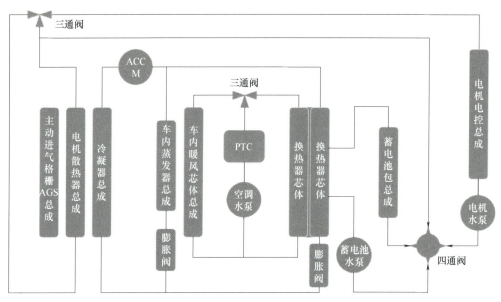

图 5-16　小鹏 P7 整车热管理方案

车热管理，降低各部分能耗的同时可以降低系统成本。

可变进气格栅设计：AGS 主动进气格栅可根据工况和机舱温度智能调节进气格栅开度，实现机舱保温和降低风阻，提升余热回收效率和增加续驶里程。

2. 特斯拉 Model Y 整车热管理架构分析（八通阀热泵方案）

特斯拉在 Model Y 的热管理系统中使用了一个八通阀，将整车热管理集成化，通过车载计算机精确地控制各元器件的运转情况，保障各系统安全有序、高效地运转，极大地提升了 Model Y 的整车性能和可靠性。

Model Y 热管理架构图如图 5-17 所示。

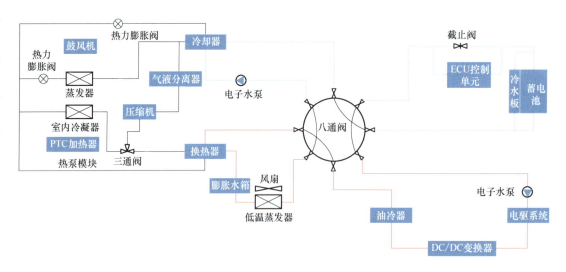

图 5-17　Model Y 热管理架构图

Model Y 热管理系统八通阀如图 5-18 所示。

使用了八通阀的 Model Y 相比 Model 3，能量利用效率提高了 10%；驱动电机电控以及蓄电池包的余热的利用解决了低温下 COP 较低问题；八通阀代替了热泵系统复杂的管路，系统集成度更高。

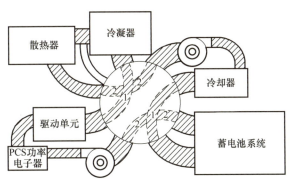

图 5-18　Model Y 热管理系统八通阀

Model Y 热管理系统主要特点：

多种工作模式智能选择：打通了传统热泵空调、蓄电池系统、动力系统，产生了多种工作模式，可根据环境温度与蓄电池温度自动规划热泵系统的加热程度，启用不同的加热模式。

极致的一物多用：以压缩机全功率工作等同 PTC 进行制热，实现了 R134a 制冷剂在低于-10℃无法实现热泵功能的代替方案，将压缩机一物多用节省零件成本。

废热回收利用：动力系统增加电驱回路水冷冷凝器，可以在冬天将三电系统废热回收利用到热泵系统，为乘员舱服务。

零部件集成化：高度集成化零件，缩短零件流道，降低能耗，方便装配，同时将 OEM 的装配工序集中下放到相应供应商，节省人工和生产线成本。

通过将独立的各个系统集成起来，统一管理，做到热量的最小浪费，最大限度地降低热管理系统蓄电池电量的消耗，保障车辆续驶里程。

3. 领克 ZERO 直接式热泵系统分析（直接式热泵方案）

领克旗下的首款纯电动车型"领克 ZERO Concept"搭载直接式热泵，采用"冷媒直接供热"技术，可解决纯电动汽车因冬季需要对蓄电池和乘员舱耗电加热导致的续驶里程减少问题。

领克 ZERO Concept 热泵系统如图 5-19 所示。

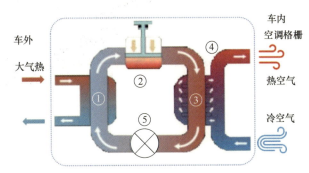

图 5-19　领克 ZERO Concept 热泵系统

其工作的五大过程：

① 冷媒从大气中吸收热量汽化。

② 吸收大气热的冷媒被压缩，温度进一步升高。

③ 高温冷媒热与车内空气发生热交换，车内冷空气温度升高。

④ 升温后的冷空气变为热空气吹入车内。

⑤ 高压热气降压降温为低温热。

领克 ZERO Concept 采用的直接式热泵系统，直接将冷媒与车内空气热交换传递热量，省去了传统热泵空调由"冷媒→水→车内空气"的中间传递介质，避免了能量在多次传递过程中的损失。采用高温高压冷媒直接供热技术的 ZERO Concept，比普通热泵热效率提高了约 10%。

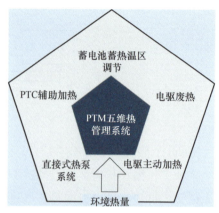

图 5-20　领克 ZERO PTM
五维热管理系统

领克 ZERO PTM 五维热管理系统如图 5-20 所示。

PTM 智热维温技术：手机远程控制/预约加热，2min 出风口温度高达 55℃，上车即享温暖。手机能连接充电桩，让电网直接提供电制热，配合远程预约功能，舒享"到车满电"的暖意。

PTM 预热速充电技术：导航设置到充电站，即可自动开启整车预热功能，电控半导体芯片振荡加热技术主动产热，蓄电池预加热速度提升 50%，仅需 10min 即可进入最佳充电状态，配合上 PTM 智能维温技术，完全解决了严寒环境下充电难、充电慢的问题。

PTM 蓄电池主动温控技术：确保在 -30~55℃ 的极寒、酷热环境下，蓄电池仍保持最佳工作温度，提供稳定持续的线性输出。

强大的热管理系统赋予了领克 ZERO 超群的实力保证，结合其直接式热泵系统，领克 ZERO Concept 的蓄电池热管理能耗至少降低了一半。

4. 威马热管理 2.0 系统（柴油加热方案）

为了解决冬季续驶里程衰减问题，威马推出了柴油加热系统，使用柴油加热器取代 PTC 电阻式加热器对蓄电池加热。在热管理 2.0 系统中，将柴油加热器用于暖风系统，协助空调制热，降低空调系统对电量的消耗。

威马热管理 2.0 系统如图 5-21 所示。

热管理 2.0 系统亮点：蓄电池包采用独立的液冷回路，保证蓄电池包温度更精确的控制，确保电芯温度均匀性，温差控制在 ±2℃，提高电芯的使用寿命。

图 5-21　威马热管理 2.0 系统

热管理 2.0 系统扩展了工作温度范围（-30~20℃），确保蓄电池组充、放电过程都保持在最佳温度区间，提升了蓄电池的安全性和稳定性。

柴油加热器除了会用于蓄电池组外，还用于空调暖风系统，协助空调制热，减少空调系统对蓄电池电量的消耗。

5. 理想 ONE 热管理系统结构分析（插电式混动方案）

理想 ONE 的热管理系统包含增程器的冷却、蓄电池系统热管理、乘员舱温度调节、电驱动系统温度调节四大块，它们之间密切协同，共同维持系统的高效运转。

理想 ONE 热管理系统结构示意图如图 5-22 所示。

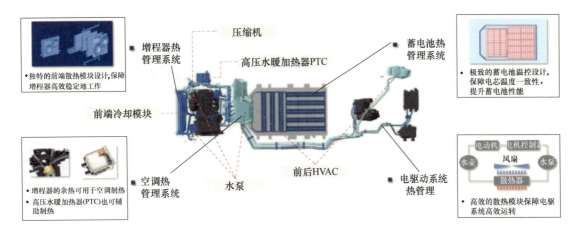

图 5-22　理想 ONE 热管理系统结构示意图

在理想 ONE 的热管理系统中，VCU（整车控制器）可以控制多向流量控制阀、水泵、空调压缩机散热风扇等实现功率无级调节，保障蓄电池、增程器、电动机工作在最适宜的温度。

理想 ONE 整车系统级的热管理策略模型如图 5-23 所示。

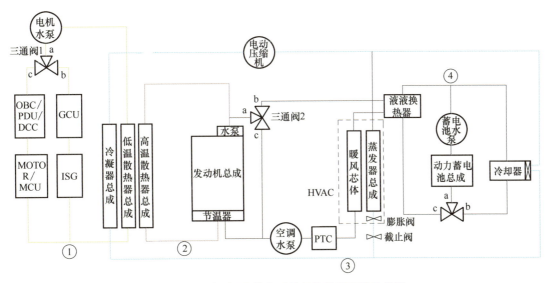

图 5-23　理想 ONE 整车系统级的热管理策略模型

整车热管理系统四大回路包括：驱动电机电控散热回路、发动机散热回路、冷媒制冷回路、乘员舱与蓄电池冷却液加热回路。

理想 ONE 热管理技术优点分析：

1）整车系统级的热管理策略：多向流量控制阀精确地按比例开闭，实现增程器、蓄电池组和空调三套循环系统间热量的精确传递和利用，实现能量的高效利用。

2）极致的无级调节：小到流量控制阀、水泵，大到空调压缩机、前端冷却模块上的散热风扇，都能通过 VCU 实现功率无级调节，保障蓄电池、增程器、电动机工作在最适宜的温度。

3）先进的前端冷却模块：集成了冷凝器、低温散热器、高温散热器、中冷器和散热风扇 5 个模块的前端冷却模块。

学习任务 6

汽车空调系统综合检修案例

一、任务说明

任务描述	制冷不足、不制冷、间歇制冷和存在异响是汽车空调最常见故障。同样的故障现象，可能是由不同的故障原因导致的，不同车型的空调结构不尽相同，这给汽车空调维修带来了不便。本任务从常见故障出发，通过对故障现象、故障诊断思路及维修方法的解析，以通用别克、丰田卡罗拉、大众高尔夫 3 种常见的车型为载体，介绍汽车空调常见故障的检修方法
任务所属 模块课程	● 空调与舒适系统检修 ● 新能源汽车空调系统检修
任务对应 工作领域	● 汽车电子电气与空调舒适系统工作领域 ● 新能源汽车空调舒适系统技术工作领域
育人目标描述	
1. 增强学生团队及合作意识，强调养成良好学习习惯的重要性 2. 培养严肃认真，精益求精的工作习惯	
职业技能（能力）要求描述	
行为	能够完成汽车空调控制系统部件的检修作业
条件	车辆/设备：丰田卡罗拉轿车
	工具及场地要求：维修工位 4 个、原车配套维修手册 4 本、原车配套电路图 4 本、工具箱（内包含扳手、棘轮、套筒、钳子等通用手动工具）4 个、零件车 4 个、工作灯 4 个、手套若干、护目镜若干、风速仪 4 个、维修工作台 4 个、诊断仪 4 个
标准与要求	1. 树立分析问题、解决问题的信心 2. 提高沟通协调、团队合作的能力 3. 强化安全生产、规范操作的意识 4. 培养爱护环境、节约资源的意识 5. 能够综合学习任务 1~学习任务 5 所学知识点，排除空调制冷不足、不制冷、间歇制冷和存在异响等汽车常见空调故障
成果	能够针对不同车型，进行汽车空调制冷不足、不制冷、间歇制冷和存在异响等汽车空调常见故障的检修

二、任务学习与实施

（一）任务引导与学习

➤ **引导问题**：伴随着夏季的来临，某车企 4S 店，进站维修空调故障的车辆增多，根据车主们反映，空调故障主要表现在：制冷不足、不制冷、间歇制冷和存在异响等四方面，车主们要求维修技术人员尽快解决问题。如何结合学习任务 1～5 的所学知识，进行空调系统综合分析与维修？

 **知识链接**

制冷不足、不制冷、间歇制冷和存在异响是汽车空调最常见故障，由不同的故障原因导致。车型不同，其空调结构也不尽相同。本任务从常见故障出发，在尽量不涉及车型的前提下，通过故障现象进行故障分析，提出可能存在的故障范围，提出维修方法。

情智链接

进行汽车空调综合故障诊断与维修，需要学生在学习的过程中，时刻保持认真、探究的学习态度，注意知识点之间的连贯性，在进行故障分析时，才能够较为全面地进行机理分析。

（二）任务计划与实施

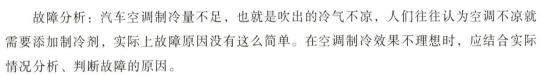 **任务技能点1：　汽车空调制冷不足故障排除**

汽车空调
制冷不足
故障排除

故障现象：打开鼓风机开关及 A/C 开关，用温度计在蒸发器出口测量的温度值大于正常值 5℃或车内温度高于正常的调节温度。

故障分析：汽车空调制冷量不足，也就是吹出的冷气不凉，人们往往认为空调不凉就需要添加制冷剂，实际上故障原因没有这么简单。在空调制冷效果不理想时，应结合实际情况分析、判断故障的原因。

1. 故障原因

空调系统制冷不足的原因较多，如图 6-1 所示。

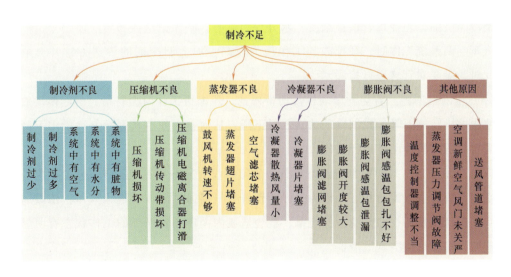

图 6-1　空调系统制冷不足的原因

（1）制冷剂不良　制冷剂过多导致制冷效果下降，一般是在维修之后产生的，因为在空调系统中制冷剂所占容积的比例是有一定要求的，如果维修时加入过多的制冷剂，就会影响其散热效果。

造成制冷剂过少的原因主要是系统中的制冷剂微量泄露。制冷剂越少，就会使膨胀阀喷入蒸发器的制冷剂减少，则制冷剂在蒸发器内蒸发时吸收的热量将随之下降，制冷量也下降。

制冷剂的状态可从储液干燥器上方的视液镜中观察到。在空调正常运转时，若视液镜中有连续不断的缓慢的气泡产生，则制冷剂不足，需要添加。但要注意，若从低压侧添加制冷剂，则禁止从制冷剂瓶加注；若从高压侧加入，则禁止发动机起动。

（2）冷凝器问题　空调长期使用后，冷凝器表面会有油污或杂物覆盖在上面，从而使其散热能力下降，应及时清理。另外，对于冷却风扇的故障，如传动带过松、风扇转速下降或风扇转速太高等，都会导致散热能力下降。

需要对冷凝器进行检查，查看其外观有无脏物、残渣、翘片等现象。用手触摸其外部和下部，确认是否烫手；用压力表进行检测，测量压缩机的高压是否过高，若冷凝器烫手或高压过高，则说明其内部工作良好。

（3）蒸发器问题　蒸发器是利用低温液态制冷剂蒸发来吸收空气中所含的热量的换热装置，是制冷系统中的关键设备。通常蒸发器结霜是制冷效果差的一个原因，因为叶片结霜后空气被堵塞，通过蒸发器进行热交换的空气量就会减少。

需要拆下空调面板及杂物箱，用手触摸蒸发器的表面，如果能够明显地感觉到右侧四分之一的部分较冷，从右到左温度变化是由凉到温，而且从节流阀到蒸发器的管路有霜，则表明蒸发器的叶片有可能已经堵塞，导致制冷剂和空气之间的热交换不够充分。

（4）制冷管路问题　当制冷系统使用一段时间后，冷凝器、蒸发器的管道内积聚了一层油垢污迹，严重影响两者的热交换功能，使制冷系统的效率降低、功耗增大。需要用清洗剂把制冷系统冷媒管道内的油垢、污迹清理出来，以改善两器的热交换率，提高制冷效果。

当制冷系统压缩机的冷冻机油使用一段时间后，其品质会变差，润滑效率会变低，需要更换冷冻机油。当冷媒管道被杂质、水分等污染时，必须把这些物质清理出冷媒管道。

汽车空调系统工作时，系统内的工作压力较高，加上制冷剂的渗透力常常会造成泄漏。此时，需要对管路进行检漏。

（5）压缩机问题　若空调压缩机传动带松弛，压缩机工作时会打滑，引起传动效率下降，使压缩机转速下降导致制冷剂的输送量下降，从而直接使空调系统制冷能力下降。此时，需要对压缩机传动带进行检修。

（6）其他原因　对机械部分进行检查，确定有没有异响和其他工作不良的现象，继续检查空调系统的空气流通状态。因为外界的新鲜空气要通过滤波器进入风口，由鼓风机将新鲜空气送到蒸发器；如果滤清器堵塞，就会造成内循环和外循环的工作状态有明显的差别。这时，需要更换空调滤清器。

2. 故障诊断与排除

1）开启空调，从玻璃观察窗看到有气泡，用手感觉高压管与低压管，高压管微热、低压管微冷，温差不大。用压力表测量高、低压侧的压力，均低于标准值，确定其故障由制冷剂不足所致。

2）用电子检漏仪检查压缩机高低压接头、压缩机轴头、高低压加注口、压力开关、冷凝器进出口、蒸发器进出口等部位，系统无渗漏。

3）用制冷剂回收机对系统中的制冷剂进行回收，重新设定需要加注的制冷剂量，设定好后向系统中加注制冷剂。

4）起动发动机试车，空调运转正常，制冷效果良好，故障排除。

 任务技能点2： **汽车空调不制冷故障排除**

汽车空调
不制冷故
障排除

故障现象：打开鼓风机开关及 A/C 开关，汽车空调不制冷。

故障分析：汽车空调不制冷的原因主要有氟利昂不足、长时间未清洗、压缩机传动带松弛等，可以通过感官检查法或仪表检测法来检查。

故障诊断与排除：

1）检查汽车空调系统的管路、空调泵、冷凝器、蒸发箱等部件是否有损坏，导致制冷剂的泄漏。若有泄漏，则对系统进行检修，排除故障后重新充入适量制冷剂。

2）若无泄漏，检查压缩机工作情况。

若异常，需要对压缩机总成进行检查。

若离合器工作正常，则判断压缩机故障。若压缩机本身故障，检修或更换压缩机，特别注意检查压缩机进口滤网；若传动带打滑，则需要调整传动带张紧度。

若离合器工作不正常，则对其电路进行逐步检查。

汽车空调间
歇性不制冷
故障排除

3）若压缩机总成正常，检查冷凝器风扇工作情况。若异常，需要检测故障在机械部分还是电气部分。

4）若冷凝器风扇正常，则检查蒸发风机工作情况。

通过以上 4 个步骤可完成对汽车空调不制冷故障的排除。

 任务技能点3： **汽车空调间歇性不制冷故障排除**

故障现象：汽车空调间歇性制冷故障即汽车空调制冷系统工作不正常，有时正常工作几分钟后，出风口开始出热风，关闭空调重新打开后，又正常工作，不定时出现问题。

故障分析：

1）系统冰堵。干燥机吸湿能力达到饱和，膨胀阀处结冰，阻塞了制冷剂的流动，导致不制冷；当冰融化后，系统恢复到正常状态。

2）压缩机自身故障或传动带打滑。

3）手动空调控制系统故障。

4）自动空调控制系统故障。

故障诊断与排除：

1）检查空调压缩机传动带的松紧度及磨损情况。

2）检查空调压缩机电磁离合器搭铁线情况。

3）将歧管压力表与制冷系统连接好，起动发动机，运行空调制冷系统。查看系统高、低压侧的压力是否正常，出风口是否出冷气。等待几分钟后，若系统出风口开始出热风，而高、低压侧压力没有变化，压缩机运转无异常，说明故障出自控制系统。

4）连接故障诊断仪，进行故障码读取，根据故障码读取情况进行对应的故障检修。

以传动带检查为例，需进行以下检查：

① 检查传动带是否正确地装在带轮槽内。

② 检查传动带的张紧度。

a. 在98N的作用力下，检查传动带的下陷度（图6-2）。4A-FE型发动机：新传动带应为6.0~7.0mm，旧传动带应为8.5~9.5mm；3S-FE型发动机：新传动带应为6.0~9.0mm，旧传动带应为9.0~11.0mm；3S-GE型发动机：新传动带应为9.0~11.0mm，旧传动带应为13.0~16.0mm；2C型发动机：新传动带应为11.0~13.0mm，旧传动带应为15.0~18.0mm。

b. 使用专用工具（SST09216-00020或00030）检查传动带张紧。4A-FE和2C型发动机：新传动带应为519~755N，旧传动带应为196~392N；3S-FE型发动机：新传动带应为611~853N，旧传动带应为441~539N；3S-GE型发动机：新传动带应为686~784N，旧传动带应为294~441N。

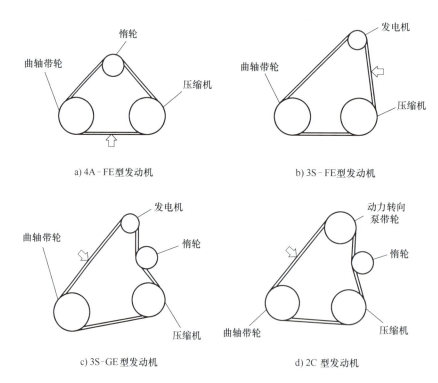

a) 4A-FE型发动机

b) 3S-FE型发动机

c) 3S-GE型发动机

d) 2C型发动机

图6-2 传动带张紧度检查

汽车空调系统噪声大故障排除

任务技能点4： 汽车空调系统噪声大故障排除

故障现象：打开空调后，最大的噪声是电风扇高速运转所发出的声音，噪声比较单一。若有比较尖锐的声音，就属于噪声异常，需要进行故障维修。

故障分析：汽车空调制冷系统的噪声分为外部噪声和内部噪声两种。

1. 系统外部噪声过大

1）传动带过松或过度磨损，可拉紧传动带或更换传动带。

2）压缩机安装支架固定螺钉松动，可予以紧固。

3）压缩机安装支架破裂，可更换支架。

4）压缩机内部零件损坏，可拆下压缩机修理或更换。

5）冷冻油量太少或无油，可加油。

6）离合器打滑噪声，可拆下离合器修理或更换。

7）离合器轴承缺油或损坏，可对离合器轴承加润滑油或更换轴承。

8）冷风机电动机轴承损坏，可更换冷风机电动机轴承。

9）冷风机支架断裂或松动。若断裂，应更换并固定牢靠，检查若是松动而噪声大，则拧紧支架。

10）冷风机叶片断裂或破损，可更换冷风机叶片。

2. 系统内部噪声过大

高压压力过高导致压缩机振动而产生噪声，例如制冷剂过多、冷凝器散热不良等。

1）制冷剂过多，工作有噪声，观察检视窗内有气泡，高、低压表读数过高。可排放过多的制冷剂直到压力表读数降至标准值，且气泡消失。

2）制冷剂过少，膨胀阀发出噪声，观察检视窗内有气泡及雾状，低压表读数过低。可找出系统漏气点，清除系统并修理，系统抽真空并更换储液干燥器，向系统充注制冷剂。

3）系统有水汽，引起膨胀阀发出噪声。可清除系统，系统抽真空，更换储液干燥器，加液。

4）高压侧压力过高，高压辅助阀关闭，引起压缩机颤动。可立即把阀门打开。

故障诊断与排除：汽车空调噪声过大的检查步骤如图 6-3 所示。

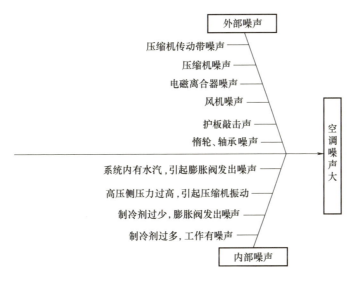

图 6-3　汽车空调噪声过大的检查步骤

 **任务技能点5：** **新能源汽车典型故障排除**

故障现象：一辆比亚迪 e5 电动汽车，打开汽车空调制冷功能，发现不制冷，需要检查维修。

故障分析：如图 6-4 所示，空调制冷系统的工作原理是由空调驱动器驱动的电动压缩机将气态的制冷剂从蒸发器中抽出，并将其压入冷凝器。高压气态制冷剂经冷凝器时液化

新能源汽车典型故障排除

而进行热交换（释放热量），热量被车外的空气带走。

高压液态的制冷剂经膨胀阀的节流作用而降压，低压液态制冷剂在蒸发器中气化而进行热交换（吸收热量），蒸发器附近被冷却的空气通过鼓风机吹入车厢。气态的制冷剂被压缩机抽走，泵入冷凝器，如此使制冷剂进行封闭的循环流动，不断地将车厢内的热量排到车外，使车厢内的空气降至适宜的温度。

电动压缩机是否允许开启由 BMS 根据整车动力蓄电池电量情况判断并由空调控制器判断是否需要开启电动压缩机共同控制的，当整车动力蓄电池电量足够时，开启空调制冷，电动压缩机即可工作。

故障诊断与排除：参考图 6-5 所示的压缩机控制电路进行故障排除。

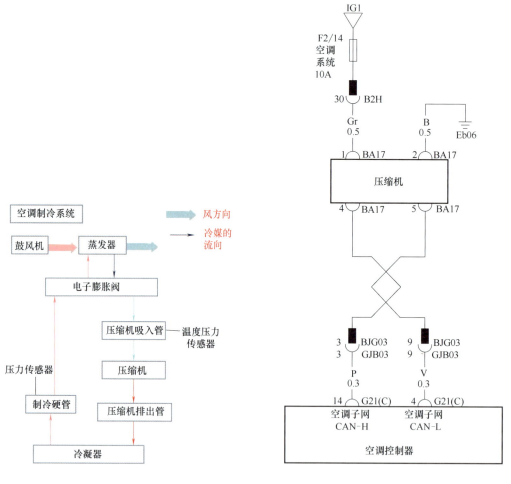

图 6-4　制冷系统原理　　　　　　　图 6-5　压缩机控制电路

1）整车上电至 OK 档，打开鼓风机，手动打开 A/C 开关，确认空调不制冷。

2）用诊断仪读取系统故障，检查空调系统压力值，压力显示正常。

3）检查蒸发器温度，正常。

4）用万用表检查压缩机系统熔断器 F2/14 是否导通，用电压档检测，IG1 处电压正常，压缩机端子 1 电压不正常。

5）拔下熔断器 F2/14，用万用表电阻档测量电阻值，异常。

6）更换熔断器，空调制冷功能正常。

（三）任务评价反馈

1. 小组自评

小组自评表（表6-1）能够让小组成员对各自的信息检索能力、任务认知程度、参与状态、学习方法和工作过程等方面进行评价，从记忆、领会、应用、分析、反馈全方位评估自己对知识的学习及掌握情况。

表6-1　小组自评表

班级		组名		日期	
评价指标	评价要素			分值	分值评定
信息检索能力	能有效地利用网络资源、工作手册查找有效信息；能用自己的语言有条理地表述所学知识；能将查找到的信息有效地转化到工作中			10	
任务认知程度	熟悉各自的工作岗位，认同工作价值；在工作中，能获得满足感			10	
参与状态	与教师、同学之间相互尊重、理解、平等；与教师、同学之间能够保持多向、丰富、适宜的信息交流			10	
	探究学习、自主学习不流于形式，处理好合作学习和独立思考的关系，做到有效学习；能够提出有意义的问题或能发表个人见解；能按要求正确操作；能够倾听、协助分享			10	
学习方法	工作计划、操作技能符合规范要求；获得了进一步发展的能力			10	
工作过程	遵守管理规程，操作过程符合现场管理要求；平时上课的出勤情况和每次完成学习任务情况良好；善于多角度思考问题，能主动发现、提出有价值的问题			15	
思维状态	能发现问题、提出问题、分析问题、解决问题			10	
自评反馈	按时按质完成学习任务；较好地掌握了专业知识点；具有较强的信息分析能力和理解能力；具有较为全面严谨的思维能力并能条理清晰地表述			25	
自评分值					
有益的经验和做法					
总结反思建议					

2. 小组互评

小组互评表（表6-2）能够让小组成员从信息检索能力、任务认知程度、参与状态、学习方法和工作过程等方面对其他小组进行评价，通过互相评价环节，学习其他小组的长处，弥补自己小组的不足。

表 6-2　小组互评表

班级		被评组名		日期	
评价指标	评价要素			分值	分值评定
信息检索能力	该组能有效利用网络资源、工作手册查找有效信息			5	
	该组能用自己的语言有条理地去理解、表述所学知识			5	
	该组能将查找到的信息有效转化到工作中			5	
任务认知程度	该组能熟悉各自的工作岗位,认同工作价值			5	
	该组成员在工作中能获得满足感			5	
参与状态	该组与教师、同学之间相互尊重、理解、平等			5	
	该组与教师、同学之间能够保持多向、丰富、适宜的信息交流			5	
	该组能处理好合作学习和独立思考的关系,做到有效学习			5	
	该组能提出有意义的问题或能发表个人见解,按要求正确操作,能够倾听、协助分享			5	
	该组能积极参与学习任务,并在过程中综合运用信息技术的能力得到提高			5	
学习方法	该组工作计划、操作技能符合规范要求			5	
	该组获得了进一步发展的能力			5	
工作过程	该组遵守管理规程,操作过程符合现场管理要求			5	
	该组平时上课的出勤情况和每次完成学习任务情况良好			10	
	该组善于多角度思考问题,能主动发现、提出有价值的问题			5	
思维状态	该组能发现问题、提出问题、分析问题、解决问题			10	
自评反馈	该组能严肃认真地对待自评,并能独立完成自测试题			10	
自评分值					
简要评述					

3. 教师评价

教师评价的内容主要包括小组出勤情况、信息收集能力、计划制订是否完善、工作过程是否规范等,见表 6-3,能够帮助学生更好地理解学习任务,促进对任务知识点、技能点的消化和吸收。

表 6-3　教师评价表

班级		组名		姓名	
出勤情况					
评价指标	评定要素			分值	分值评定
理想信念	有坚定的理想信念,热爱祖国			5	
	坚持正确的政治方向,政治积极向上			5	
	坚持社会主义核心价值观			5	
	在实操过程中体现劳动精神、工匠精神			5	
	具备良好的职业道德和环保意识			5	
道德品质	遵守公共场所的管理规定,自觉维护公共秩序和社会公德			5	
	在公共场所举止文雅,文明礼貌			5	

（续）

评价指标	评定要素	分值	分值评定
道德品质	爱护公物,保护公共设施	5	
	积极参加社会公益活动	5	
信息检索	能够顺利完成教师安排的任务,快速找到有效信息,并转化到工作中去	5	
任务认知	能够读懂文字的表达内容	5	
	能够满足岗位工作要求,掌握工作流程,熟悉注意事项	5	
参与状态	与教师、同学之间相互尊重、理解	4	
	能够做到独立思考、表达自己想法	4	
	能够按照要求正确操作、能够倾听对方表达的内容,乐于分享	4	
学习方法	能够按照工作内容的紧急情况合理地制订计划	4	
	能够按要求完成工作计划,且操作符合规范	4	
工作过程	操作符合安全规定	5	
	操作符合流程规范	5	
	能够协助他人完成工作	5	
思维状态	工作过程思维清晰,对工作结果能够正确预判,对其他相关工作有帮助	5	
师评分值			
综合评价			

三、任务拓展信息

汽车空调维修诊断技术

汽车空调诊断口诀：

1）低压高高压低，更换压缩机。

2）压力双高要排气，或者散热有问题。

3）表抖系统有水汽，抽空必须更彻底。

4）压力双低亏制冷剂，否则系统有堵闭。

当用空调压力表检测到空调系统的低压比正常高，而高压比正常低的时候，这个时候空调制冷绝对不能达到正常空调的效果。一般故障原因是空调泵内磨损，导致功率下降。这个时候往往需要更换压缩机才能解决问题。

当检测到系统高低压都比正常偏高时候，对照口诀，常见故障一般是系统有空气或者制冷剂加入过量，这个时候需要重新抽真空，再加入适量的制冷剂就能解决问题。还有一种情况是散热不良，特别是环境温度比较高的时候，往往会导致散热更加恶劣，此故障原因一般是散热片堵塞、脏污、散热风扇转速不够等。

当空调系统工作时，如果压力表针不停地抖动，说明系统有水分。解决这个问题一般

需要重新抽真空，抽的时间必须不少于 15min，必要的时候还需要更换储液干燥器，以彻底排出系统中的水分。

当高低压都偏低时，有两个可能：

1）系统堵塞。系统堵塞时，堵塞部位会产生节流，节流部位会有明显的温差，用手感觉就能找出问题。

2）制冷剂泄漏导致制冷剂不够。这种情况比较常见，这时必须利用空调检测仪来查明泄漏部位，或换或修。

参 考 文 献

［1］ 陶阳. 汽车空调结构与检修［M］. 北京：化学工业出版社，2018.

［2］ 罗和平. 汽车电器检修一体化教程［M］. 成都：四川大学出版社，2018.

［3］ 刘春晖，刘宝君. 汽车空调系统检修［M］. 2版. 北京：机械工业出版社，2019.